글쓰기 대통령

강원국의 초등학생 글쓰기

❸ 멋진 글을 쓰고 싶어요

강원국·서예나 글   문인호 그림

글쓰기 대통령

강원국의 초등학생 글쓰기

③ 멋진 글을 쓰고 싶어요

강원국·서예나 글
문인호 그림

메디치주니어

"

친구들 모두 읽기를 많이 하지요? 책도 읽고, 교과서와 참고서도 읽고, 선생님께서 칠판에 써 주신 글도 읽고요. 이처럼 학교에서는 쓰기보다 읽을 일이 많아요. 한창 배우는 시기이기 때문이죠. 하지만 학교를 졸업하고 사회에 나가 일할 때는 글 쓸 일이 많아져요. 회사에 다니면 보고서도 써야 하고, 장사나 사업을 해도 파는 물건이나 하는 일을 알리는 글을 써야 해요. 먼 훗날 직장을 그만두고 은퇴했을 때도 글 쓰는 일은 좀처럼 줄지 않아요. 직장 다닐 적에는 써야 하는 글을 썼다면, 은퇴 후에는 쓰고 싶은 글을 쓰게 되지요.

글을 잘 쓰면 뭐가 좋을까요? 무엇보다 나를 알릴 수 있어요. 내가 좋아하는 것, 잘하는 것을 글로 쓰면 사람들은 그 글을 보고 내가 어떤 사람인지 알 수 있지요. 더욱이 글은 기억에서 쉽게 잊히지 않아요. 기록으로 영원히 남을 수 있지요. 미워하는 친구가 있거나 슬프고 우울할 때도 글을 써 보세요. 쓰다 보면, 그리고 내가 쓴 글을 읽다 보면 어느새 나쁜 감정에서 벗어나게 돼요.

글을 쓴다는 건 내 경험과 지식을 세상 사람들과 나누는 일이에요. 내가 힘들게 노력해서 알게 된 것이지만, 나만 알지 않고 다른 사람에게 알려 주는 것이죠. 나 혼자 책을 읽은 데 그치지 않고 독후 감상문을 써서 친구들과 나눠야 해요. 몇 사람만 알던 것을 많은 사람이 알게 되면 그만큼 세상이 좋아질 수 있어요. 그뿐만 아니라 내 생각과 의견을 글로 펼쳐서 우리 사회가 보다 나은 방향으로 나아갈 수 있도록 해야 해요. 그런 점에서 글을 쓴다는 건 다른 사람을 이롭게 하고 세상 발전에 이바지하는 일이기도 해요.

3권에서는 내 생각과 의견을 조리 있게 정리해 설득하는 글, 내가 아는 것을 알기 쉽게 설명하는 글, 책을 읽은 소감과 의견을 밝히는 글에 관해 알아볼 거예요. 그리고 글쓰기보다 더 중요한 글 고치기에 관해서도 알려 줄게요. 이제 글쓰기 여행에 끝이 보이기 시작해요. 저와 함께하는 글쓰기의 마지막 여정, 떠나 볼까요?

2025년 2월
강원국

여러분! 요즘 공부하느라 너무 힘들죠? 영어 단어도 외워야 하고, 수학 문제도 풀어야 하고, 숙제도 챙겨야 하니 하루하루가 벅찰 거예요. 그러다 보면 '가뜩이나 힘든데 글쓰기까지 해야 하나? 그게 그렇게 중요한가?'라는 생각을 할 수도 있어요. 글쓰기를 해도 국어 점수가 확 오르는 것도 아니고, 당장 눈에 띄는 변화가 없는 것 같기도 해요. 게다가 글쓰기는 영어나 수학 문제처럼 명확하게 답이 정해진 것도 아니에요. 그래서 글쓰기를 귀찮아하고 어렵다고 생각하죠.

그렇다면 우리는 왜 글쓰기를 해야 할까요? 글쓰기는 특별한 힘을 길러 주는 활동이에요. 마치 게임에서 특별한 아이템을 얻는 퀘스트처럼요. 즉, 글쓰기를 꾸준히 하다 보면 공부를 더 잘할 수 있는 능력을 얻게 돼요. 머리가 좋아지고, 생각이 깊어지고, 창의력이 높아지거든요. 게다가 글쓰기의 성격에 따라서 얻을 수 있는 능력도 각각 달라요. 어떤 능력들을 얻을 수 있는지 함께 살펴볼까요?

1. 논설문

내 생각을 논리적으로 정리하고 다른 사람을 설득하는 글이에요. 논리력, 설득력, 사고력, 분석력 등을 얻을 수 있어요.

2. 설명문

내가 알고 있는 지식이나 정보를 다른 사람도 이해하기 쉽게 설명하는 글이에요. 전달력, 표현력, 분석력, 논리력 등을 얻을 수 있어요.

3. 독후 감상문

책을 읽고 느낀 점과 새롭게 들었던 생각을 표현하는 글이에요. 상상력, 공감력, 창의력, 분석력, 비판력 등을 얻을 수 있어요.

어때요? 이 모든 능력을 글쓰기를 통해 얻을 수 있다는 게 놀랍죠? 단, 몇 가지 조건이 있어요. 꾸준히 할 것, 즐기면서 할 것, 처음부터 완벽하게 하려고 하지 말 것! 이것만 잘 지키면 여러분은 분명 글쓰기 능력자가 될 수 있을 거예요! 99

2025년 2월

서예나

☆ 글을 잘 쓰면 좋은 점

☆ 글쓰기의 효과는 언제 나타날까?

☆ 조금 더 멋진 글을 쓰고 싶다면?

1장

글은 왜 써야 할까?

글을 잘 쓰면 좋은 점

누구보다 멋있어져요!

글을 쓰다 보면 때때로 힘든 순간이 찾아오죠.
생각처럼 잘 풀리지 않을 때도 많아요.
그럼에도 중간에 포기하지 않으면
큰 보상을 얻게 돼요!

축하합니다! 여러분은 이제 글을 잘 쓸 가능성이 무척 높아
졌어요. 왜냐고요? 이미 1권과 2권의 내용을 잘 따라온 데다가
흥미를 잃지 않고 3권을 읽기 시작했으니까요. 이건 여러분이
글쓰기의 즐거움을 느꼈다는 뜻이자, 그만큼 또 실력이 늘었
다는 걸 의미해요. 게임으로 치면 중급자 레벨을 넘어선 경우
라고나 할까요? 사실 지금부터가 본격적인 실력 향상의 시작
인 셈인데요. 게임에서도 초반에는 레벨을 금방 올릴 수 있지
만, 단계가 높아질수록 점점 힘들어지잖아요? 글쓰기도 이와

비슷해요. 앞으로 배우게 될 내용이 조금 어렵게 느껴져도, 계속 연습하면 엄청나게 멋진 결과를 얻게 될 거예요. 그 결과가 뭐냐고요? 특별한 아이템이라도 주냐고요? 하하하. 그것보다 훨씬 더 값진 거예요.

첫째, 머리가 좋아져요.

운동을 하면 근육이 강해지듯, 뇌를 열심히 움직이면 머리가 좋아진답니다. 그리고 뇌를 가장 활발히 움직이게 하는 활동이 바로 '글쓰기'예요. 우리는 글을 쓰면서 끊임없이 질문을 던져요.

'어떤 단어를 쓰면 좋을까?'
'다음에 어떤 내용이 오면 좋을까?'
'이 문장은 자연스러운가?'

이런 생각들이 뇌를 움직이게 해요. 그리고 이 움직임 덕분에 뇌의 여러 영역이 자극되고, 신경이 발달하게 돼요. 특히 글을 이해하는 분석력과 사고력, 이야기를 만드는 창의력과 상상력, 생각을 정리하는 논리력과 비판력이 크게 높아진답니다.

둘째, 세상을 좀 더 편리하게 만들 수 있어요.

글을 쓴다는 건 끊임없이 상상하는 것이기도 해요. '어떤 표현을 써야 사람들이 좋아할까?', '어떤 이야기를 지어야 재미있을까?' 이런 고민들이 상상력을 자극하죠. '상상력이 있어 봤자 뭐가 달라질까?'라고 생각할 수도 있겠지만, 상상력은 정말 중요해요. 세상을 변화시키는 중요한 힘이 될 수 있거든요.

아인슈타인, 스티브 잡스, J.K. 롤링을 예로 들어 볼게요. 이들은 모두 뛰어난 상상력을 바탕으로 세상을 바꾸었어요. 남들과 다른 생각을 하면서 불가능한 것을 가능하게 만들었지요. 여러분도 상상력을 키우고 싶다면 열심히 글을 써 보세요. 보이지 않는 세계를 떠올리고, 새로운 이야기를 만들고, 개성 있는 표현을 찾다 보면 세상에서 하나뿐인 독창적인 이야기나 아이디어가 떠오르기도 한답니다.

셋째, 삶이 더 행복해져요.

여러분도 알다시피 글쓰기는 나를 보여 주는 일이에요. 그래서 글을 잘 쓰면 자신의 감정과 생각을 분명하고 정확하게 전할 수 있게 돼요.

"미안해! 너를 놀리려던 건 아니었어."

"네 그림 정말 멋지다! 그동안 열심히 노력했구나!"

이렇게 표현하면 친구와의 소통에서 오해가 줄고 관계도 더 좋아져요. 그러다 어려운 일이 닥치면 나를 지지해 주는 친구들의 도움으로 문제를 해결할 수 있지요. 이러한 일은 어른이 되어서도 이어지게 되는데, 특히 직장 생활에 큰 영향을 미친답니다. 직장에서는 다른 사람들과 소통하고 협력해야 하는 상황이 많아요. 이때 자기표현을 제대로 한다면 동료들과 좋은 관계를 맺을 수 있어요.

행복을 결정하는 중요한 요소 중 하나가 사람들과 좋은 관계를 맺는 것이라고 해요. 잘 형성된 관계 속에서 편안함과 즐거움을 느끼고 스트레스도 덜 받거든요. 결국 글쓰기는 모두를 행복하게 하는 중요한 도구가 되는 셈이에요. 어때요? 글쓰기만 잘해도 행복해진다는 사실, 놀랍지 않나요? 나의 행복을 위해서라도 글쓰기는 꼭 필요하답니다!

글쓰기의 효과는 언제 나타날까?
재미를 느낄수록, 나이가 어릴수록

글쓰기의 효과가 당장 나타나지 않는다고
조급해하지 마세요.
모든 건 시간이 해결해 준답니다.

글쓰기 하나로 머리가 좋아지고, 상상력도 자라나고, 게다가 더 행복해질 수 있다니! 정말 신기하지 않나요? 지금 여러분의 마음속에 '글쓰기를 열심히 해야겠다!'라는 다짐이 불끈불끈 솟고 있을 거예요. 한층 더 업그레이드된 나의 모습을 기대하면서 말이죠. 그럼 글쓰기의 효과는 언제 나타날까요? 한두 번 쓰는 것으로 효과를 볼 거라고 생각했다면 만족스럽지 않은 결과를 얻을 수도 있어요. 실제 글쓰기 효과를 보기 위해선 빠르면 6개월, 길게는 2년이 넘게 걸릴 수도 있답니다.

선생님은 고등학교 때 육체미 도장에 다닌 적이 있어요. 당시에는 피트니스 센터를 그렇게 불렀지요. 선생님은 매일 역기를 들 때마다 조금씩 무게를 늘려 나갔어요. 그리곤 가끔 한 번씩 가슴둘레를 재며 '근육이 얼마나 생겼을까?' 하고 기대했죠. 그렇게 몇 달 동안 꾸준히 운동을 했어요. 근육은 오랜 시간 운동을 해야 만들어진다는 것을 알았거든요. 그런데 만약 제가 매일매일 가슴둘레를 재면서 목표했던 결과가 하루빨리 나오기만을 기다렸다면 어땠을까요? 아마 한 달도 되지 않아 그만두었을 거예요. '이렇게 열심히 하는데 변화가 없네.'라고 실망하면서요. 기대했던 변화가 나타나지 않으면 금세 포기하기 쉬우니까요.

뇌에는 수많은 신경 세포가 서로 연결되어 있어요. 글쓰기를 계속하면 이 신경들이 더 잘 연결되어 머리가 좋아진다고 해요. **하지만 이 과정은 한 번에 일어나지 않고, 시간이 지나면서 서서히 이루어진답니다.** 운동을 통해 근육이 발달하듯, 뇌의 신경 세포가 촘촘해지는 데에도 꾸준한 연습이 필요해요. 그러니 눈에 띄는 변화가 없다고 속상해하지 마세요. 효과를 보려면 당연하게도 시간이 걸릴 수밖에 없답니다. 그래도 글쓰기의 효

과를 조금 더 빨리 볼 수 있는 방법은 없냐고요? 하하하. 그럼
여러분에게만 그 비결을 살짝 알려 줄게요.

　글쓰기의 재미를 느끼게 될 때 훨씬 더 빨리 효과를 볼 수 있어요. 진
정한 글쓰기는 재미를 느끼는 순간부터 시작되거든요. 게임, 운동, 공
부 등 모든 것이 그러하지요. 내가 하는 일이 즐겁게 느껴지
면 목표 의식도 생기고, 자연스럽게 더 많은 시간을 투자하
게 돼요. 선생님도 글을 쓸 때 재미를 느끼는데, 글쓰기가 힘
들고 어렵다는 사람들에게 작은 보탬이라도 되겠다는 생각으
로 글을 썼어요. 이렇게 하다 보면 보람을 느끼게 되고, 자연스
럽게 일상에서 글감을 찾는 습관이 생긴답니다. '취미와 관심사',
'사회 문제', '나의 이야기' 등 다양한 주제에 대해 글을 쓰고

싶은 마음이 드는 거죠. 그리고 어느새 글쓰기 실력이 훌쩍 향상되었다는 걸 느낄 수 있어요.

사실 저는 '무엇을 쓸까?' 생각하는 시간조차도 즐거워요. 소풍 전날의 기대감처럼, 어떤 이야기를 풀어낼지를 생각하면서 책상 앞에 앉는답니다. 그렇게는 도저히 할 수 없을 것 같다고요? 하하하. 여러분도 할 수 있어요. 다행스럽게도 초등학생의 글쓰기는 어른보다 훨씬 효과적이랍니다. 사실 글쓰기뿐만 아니라 모든 배움은 나이가 어릴수록 유리해요. 어리면 어릴수록 뇌가 더 빨리 흡수하기 때문이죠.

그러니까 지금부터 '재미있게' 글쓰기를 해 보세요. 먼저 좋아하는 이야기나 취미, 관심 있는 주제 등을 써 보는 거예요. 그러다 마음이 내키면 설명하는 글이나 주장하는 글을 써 보기도 하는 거죠. 어느 날에는 '내가 글을 이렇게 잘 썼단 말이야?'라고 느끼는 순간이 분명 찾아온답니다. 자, 이제부터 글쓰기를 시작해 봐요! 글은 정말 정직해서 쓴 만큼 실력이 늘어난답니다. ✏️

조금 더 멋진 글을 쓰고 싶다면?
어휘력 키우는 법

아는 단어가 많으면 더 정확하고
풍부한 표현을 쓸 수 있어요.
좋은 글을 쓰고 싶다면 어휘력을 늘리세요!

이제 정말 멋진 글을 써 보고 싶다고요? 그런데 그 순간도
잠시, 마음처럼 잘 써지지 않아 괴로울 수 있어요. '내가 하고 싶
은 말이 있는데 가장 적당한 말은 뭘까?' 같은 고민이 생기죠. 이건
마땅한 단어가 떠오르지 않아서 그런 거예요. 늘 써 왔던 단어
를 반복해 쓰거나 상황과 어울리지 않는 표현을 사용하게 되
면 글이 지루하고 읽기도 힘들어져요. 이 문제를 어떻게 해결
하면 좋을까요? 그 방법을 알려 주기 전에, 북한에 다녀왔던
이야기를 먼저 들려줄게요. 어떻게 북한에 갔었냐고요? 선생

님이 청와대에서 일할 때 공식적으로 대통령을 모시고 갔다 온 적이 있거든요.

2007년 제2차 남북 정상 회담이 열렸던 때의 일이에요. 남북 정상 회담은 남한과 북한의 대표가 만나서 서로 중요한 이야기를 나누는 자리예요. 이때 저는 대통령 연설 비서관으로 평양에 갔었어요. 그곳에서 회담의 분위기는 어땠는지, 대화의 내용은 무엇이었는지, 어떤 결과를 얻었는지 등을 기록하는 일을 했지요.

그런데 말이죠. 저는 북한에 가기 전날까지 걱정에 사로잡혀 잠도 제대로 잘 수가 없었답니다. 북한이 무서워서 그랬냐고요? 하하하. 아니에요. 연설문을 쓸 시간이 부족할 것 같아서였어요. 저는 글을 쓸 때 인터넷 국어사전을 참고하는 습관이 있는데, 그 당시 북한은 인터넷 접속이 어려웠거든요. 대통령의 연설문은 모든 국민이 듣고 읽기 때문에 하나라도 실수하거나 적절한 표현을 사용하지 않으면 큰 문제가 될 수 있어요. 그래서 글을 쓸 때면 항상 책임감과 부담감이 컸답니다. 저는 고민 끝에 '말하다'와 비슷한 뜻을 가진 단어 30개를 준비

해 갔어요. 남과 북의 대표자들이 만나서 이야기를 나누는 자리인 만큼 '말하다'라는 단어가 가장 많이 쓰일 거라고 생각했으니까요.

> **말하다:** 대화를 나누다, 설명하다, 밝히다, 설득하다, 공감하다, 전하다, 발표하다, 주장하다, 이야기하다, 강조하다, 뜻을 같이하다 등등.

연설문을 작성하면서 '말하다'가 들어가야 할 자리마다 위에 적힌 단어들을 넣어 봤어요. 그리고 가장 잘 어울리는 단어를 찾아 써넣었답니다. 이제 선생님이 무슨 말을 하려는지 눈치챘나요? 단어는 글의 기본 단위예요. 단어가 모여 문장을 이루고, 문장이 모여 글이 완성되잖아요? 글쓰기는 결국 단어를 잘 활용하는 작업이라고 할 수 있어요. 단어를 많이 익히고 상황에 맞게 골라 쓰면 더 좋은 글을 쓸 수 있거든요. 여러분도 글을 잘 쓰고 싶다면 인터넷 국어사전을 열어 놓고 활용해 보세요. 다양한 단어를 찾고 상황에 어울리는 표현을 선택하면 글이 훨씬 근사해진답니다.

어휘력을 높이는 또 하나의 방법은 책을 많이 읽는 거예요. 책을 읽다 보면 '이 단어를 이렇게 쓸 수 있구나.'라는 생각이 자연스럽게 들어요. 우리는 이 과정에서 단어의 뜻과 활용법을 익힐 수 있답니다. 그러니 다음과 같은 방법을 활용해 보세요.

☆ 독서 노트 작성하기: 새로운 단어나 흥미로운 표현을 발견하면 독서 노트에 적어 두세요. 이 단어들을 글쓰기에 활용할 수 있어요.

예) 새로운 단어: 낙천적(어려운 상황에서도 긍정적으로 생각하는 태도)
활용 문장: 태민이는 항상 낙천적인 태도로 문제를 해결한다.

☆ 문장 분석하기: 흥미로운 문장이나 표현을 입으로 따라 읽어 보세요. 그러면 다음에 자신의 문장으로 변형해 쓸 수 있어요.

예) 흥미로운 문장: 고양이가 방울 소리를 내며 사뿐히 걸어갔다.
변형 문장: 강아지가 발소리를 내며 신나게 뛰어갔다.

☆ 다양한 장르의 책 읽기: 문학, 역사, 판타지 등 여러 분야의 책을 읽어 보세요. 각기 다른 스타일의 책을 읽으면 더 많은 어휘와 문장을 접할 수 있어요.

☆ 나는 무엇을 주장하고 싶은가?

☆ 시작이 어려워요!

☆ 본론은 어떻게 쓰지?

☆ 마무리가 가장 중요해!

2장

고개를 끄덕이게하는 논설문쓰기

나는 무엇을 주장하고 싶은가?
순서 정하기의 중요성

글을 조리 있게 만드는 것은 바로 순서랍니다.
순서가 잘 구성되어야 읽는 사람이
이해하기 쉽고, 설득력이 높아져요.

논설문은 무엇일까요? 한마디로 표현하자면 '자신의 주장을 누군가에게 설득하는 글'이라고 할 수 있어요. 만약 '학교 체육 시간을 더 많이 늘려야 합니다.'라고 주장한다면 그다음에는 어떤 말이 오는 게 좋을까요?

① 그냥요.　　　　　② 기분이 나빠서요.
③ 규칙적인 운동을 해야 건강이 좋아져요.

맞아요. ③번이 나와야겠죠. 주장 뒤에는 내 생각이 왜 옳은지 뒷받침하는 이유를 덧붙여야 해요. "~한 이유 때문입니다. 또 다른 이유로는 ~가 있습니다." 같이 말이죠. 즉, 논설문을 쓸 때는 내 의견을 조리 있게 전달하는 게 중요해요. 그래야 상대방을 설득할 수 있거든요. 글을 조리 있게 쓰려면 어떻게 해야 하나고요? 글의 순서를 정해야 해요.

옷을 사러 백화점에 갔다고 생각해 보세요. 어떤 사람은 한 바퀴 쭉 둘러보고 구매할 옷을 단번에 골라요. 또 다른 사람은 몇 바퀴를 돌았는데도 결국 아무것도 고르지 못해요. 이 옷도 좋고, 저 옷도 욕심이 나서 막상 선택하려니 막막한 것이죠. 이런 차이는 어디서 오는 것일까요? 첫 번째 사람은 사려고 하는 옷의 스타일이나 색상 등이 머릿속에 있는 경우이고, 두 번째 사람은 그렇지 않은 경우예요. 글의 순서를 아는 것도 이와 비슷해요. 글을 쓸 때 '주장하기 → 주장을 뒷받침하는 이유 → 결론' 같은 순서만 정하면 각 부분에 어떤 내용을 쓸지가 훨씬 수월해져요. 원하는 스타일을 미리 정해 놓으면, 그에 맞는 옷을 쉽게 찾을 수 있는 것처럼요.

벌써 머리가 아프다고요? 마치 수학 공식을 암기하는 것 같은 기분이 든다고요? 물론 처음에는 조금 어렵게 느껴질 수 있어요. 하지만 수학 공식 활용하듯, 논설문도 기본적인 틀만 익히면 금방 잘 쓸 수 있어요. 나머지는 생각보다 훨씬 간단하거든요. 몇 번 써 보면 '아, 이렇게 하면 되는구나!' 하고 금방 익숙해진답니다. 우선 논설문을 쓰는 단계부터 자세히 알려 줄게요.

첫째, 주제를 정해요. 중요도 ★★★★★

주제란 '내가 이야기하고 싶은 핵심 내용'이에요. 주제는 글의 나침반과 같아서 어떤 순서로 글을 쓸지, 어떤 내용이 들어갈지를 알려 준답니다. 예를 들어 '학교 급식이 맛없다.'라는 생각이 들면, 학교 급식을 개선해야 한다는 주제로 논설문을 쓸 수 있어요. 이렇게 주제가 정해지면 어떤 주장을 해야 할지 결정할 수 있답니다.

둘째, 글의 순서를 정해요. 중요도 ★★★★★

대부분의 주장하는 글은 '서론 → 본론 → 결론' 순으로 이

어져요. 이 순서를 잘 지키면 글이 조리 있게 전개되며 설득력을 가지게 돼요.

서론: 주장하려는 내용을 간단하게 소개하기

본론: 주장을 뒷받침하는 이유 → 실제 예시 → 반대 의견을 다루기

결론: 주장하는 바를 강조하기

셋째, 내용을 채워 넣어요. 중요도 ★★★☆☆

이제 각 단계에 필요한 내용을 찾아서 적어 보세요. 이때 인터넷을 활용해도 좋아요. 주제를 정하고, 그 주제를 효과적으로 전달할 순서만 결정된다면 어떤 내용을 넣을지는 쉽게 계획할 수 있답니다.

시작이 어려워요!

서론은 첫인상

첫 단추를 잘 끼워야
나머지 단추도 잘 맞을 수 있듯이,
서론을 잘 시작하면
글의 흐름을 매끄럽게 이어 갈 수 있어요.

첫인상이 왜 중요할까요? 대체로 첫인상이 좋으면 경계심이 누그러져 쉽게 친해질 수 있어요. 반면에 첫인상이 나쁘면 어색하고 대화를 이어 나가기 어렵죠. 서론은 글의 첫인상과 같답니다. 독자들은 서론을 보고 재미없거나 지루하다고 느끼면 글을 끝까지 읽기 힘들어해요. 하지만 흥미를 느끼면 계속 읽고 싶어 하죠.

선생님이 첫 문장의 중요성을 깨달은 날의 이야기를 들려

줄게요. 초등학교 3학년 때, 어머니가 세상을 떠나시고 몇 달 후에 글짓기 대회가 열렸답니다. 저는 그때만 해도 어머니가 돌아가셨다는 말을 차마 친구들에게 할 수 없었어요. 너무 속 상하고 서러웠거든요. 저는 글짓기 대회 전날에 밤새 고민했 어요. 어머니 이야기를 쓰고 싶은데 도저히 용기가 안 났던 거 죠. 글짓기 대회 당일이 되어서야 어머니의 이야기를 써 보기 로 마음먹을 수 있었어요. 그런데 저의 고백이 여러 사람들의 마음을 울렸나 봐요. 글은 최종 심사에 올라 교장 선생님께 전 달되었고, 교장 선생님은 제 글을 전교생에게 읽어 주었답니 다. 아직도 그날의 기억이 생생해요. 교장 선생님이 제 글을 읽 자마자 눈물을 흘리셨던 것도요.

그 글의 첫 문장이 궁금하다고요? 글의 시작은 '어머니가 돌아가셨다.'였어요. 솔직하고 담백한 제 고백이 글을 읽는 사 람의 마음을 끌어당긴 게 아닌가 싶어요. 그러면서 자연스레 다음으로 이어질 이야기에 관심을 불러일으켰겠죠. 이처럼 첫 문장은 읽는 사람의 마음을 사로잡고 주제를 소개하는 중요한 역할을 한 답니다.

이건 논설문을 쓸 때도 적용할 수 있어요. 글의 첫 부분, 즉 서론에서는 독자들의 관심을 끄는 것이 중요하답니다. 흥미로운 질문을 던지거나 관심을 가질 만한 이야기 등을 꺼내는 거죠. 그런 다음에는 주장을 분명히 밝히고, 왜 이 같은 주장을 펼치는지 알 수 있도록 해야 해요. 그럼 독자들이 글을 읽으면서 '맞아, 정말 중요한 문제구나. 얼른 해결해야 해!'라고 생각하게 되거든요.

가령 급식 시간을 주제로 논설문을 쓴다면 어떻게 시작하는 게 좋을까요? 혹시 '안녕하세요. 급식 시간에 대한 생각을 이야기하겠습니다.'라고 시작하려는 건 아니겠죠? 이런 평범한 문장을 본다면 친구들이 '별로 재미없겠다.' 하고 관심을 주지 않을 수 있어요. 누구나 관심을 기울일 만한 흥미로운 이야기로 시작해 보세요.

예) 학교 급식 시간이 너무 짧다고 느낀 적 있나요? 만약 급식 시간이 딱 10분 더 주어진다면 어떨 것 같나요?

이처럼 독자들의 호기심을 자극하면 '와! 나도 급식 시간이 너무 짧다고 생각하는데!' 하고 눈을 반짝일 거예요. 그러면서 다음 문장을 읽고 싶은 마음이 커지게 되는 것이죠.

그다음엔 내 생각을 가볍게 적어 보세요. 급식 시간을 늘려야 한다는 주장이라면, 급식 시간이 짧아서 생긴 문제점을 언급하는 거예요.

급식 시간이 늘어나면 학생들이 더 행복하고 건강한 생활을 할 수 있어요. 지금은 급식 시간이 짧아 밥을 허겁지겁 먹게 되고, 친구와 이야기를 나눌 시간도 없거든요.

이렇게 이어 가면 읽는 사람들은 글에 관심을 갖게 되고, 내 주장이 왜 중요한지 알게 돼요. '문제를 해결할 방법이 있나?' 또는 '급식 시간을 늘리려면 어떤 노력이 필요할까?'라는 궁금증이 생기기도 하죠. 여러분도 서론을 쓸 때 호기심을 자극하고, 주제의 중요성을 느끼게 하는 문장을 써 보세요.

스스로 해 보기

☆ 서론을 쓸 때는 다양한 방법으로 시작할 수 있어요. 글의 흐름이나 상황에 따라 적절히 선택하면 돼요. 지금부터 서론을 구성하는 7가지 방법을 가르쳐 줄게요.

1 주제 바로 소개하기   중요도 ★★☆☆☆

글의 주제와 내용을 간단히 소개하는 거예요. 가장 간편하면서도 쉽게 쓸 수 있어요.

예) 오늘은 학교생활에서 가장 중요한 '급식 시간'에 대해 이야기를 하겠습니다.

2 주제 설명하기   중요도 ★★★☆☆

주제에 대해 정의하고 그 이유를 설명하는 방법이에요.

예) 급식 시간은 소통 시간입니다. 단순히 밥만 먹는 시간이 아니라, 친구들과 이야기 나누고 관계를 쌓는 시간이기 때문입니다.

3 질문 던지기   중요도 ★★★★★

글에서 쓸 내용을 질문으로 바꾸어 보세요. 질문으로 글을 시작하면 자연스럽게 관심을 끌어서 내용을 이어 나갈 수 있어요.

예) 급식 시간이 너무 짧게 느껴지지 않나요? 그렇다면 왜 그런지를 생각해 본 적 있나요?

4 개인적인 이야기로 공감 얻기 중요도 ★★★★★

독자들이 쉽게 공감할 수 있는 이야기로 시작해 보세요.

예) 한번은 친구와 점심을 먹다 체한 적이 있어요. 이유를 생각해 보니 좀 더 대
화를 나누려고 밥을 급하게 먹어서였죠.

5 정보 제공하기 중요도 ★★★★★

독자가 귀 기울일 만한 재미있는 정보나 사실을 제공하는 방법이에요.

예) 놀라운 사실은 한국의 평균 급식 시간은 50분밖에 안 되는데, 다른 나라는
1시간이 넘는다고 해요.

6 말이나 글 인용하기 중요도 ★★★★☆

**글의 신뢰성을 높이기 위해 유명한 사람들의 말이나 글을 인용하는 방법
이에요.**

예) 어느 학자는 '급식 시간을 소중히 여겨야 한다.'고 말했어요. 성장하는 어린
이들에게 가장 중요한 시간 중 하나라는 걸 강조했지요.

7 글을 쓰게 된 배경 이야기하기 중요도 ★★★★☆

가장 널리 쓰이는 방법이자, 주제를 가장 자연스럽게 소개할 수 있어요.

예) 최근 친구들과 점심을 먹었는데, 급식 시간이 너무 짧다는 이야기가 나왔어요.

본론은 어떻게 쓰지?

이유를 대며 주장을 뒷받침하기

일방적으로 내 주장만 내세워서는
설득력을 높일 수 없어요.
상대방이 공감할 수 있도록
구체적인 이유를 들어야 해요.

술을 자주 마시는 어른들에게 '술 끊으세요.'라고 주장을
하고 싶다면 어떻게 설득하는 게 더 좋을까요?

① 술은 건강에 좋지 않아요. 그러니 술을 끊으세요.

② 술을 끊으면 몸과 마음이 건강해질 수 있어요. 그러면 가족들
과 행복한 시간을 더 많이 보낼 수 있지요. 매일 조금씩 노력
하다 보면, 술을 끊을 수 있을 거예요.

너무 쉽죠? ①은 단순한 사실을 전달하는 방식이에요. 그렇기 때문에 글을 읽는 사람이 '이미 알고 있는 이야기잖아.'라고 느낄 가능성이 커요. 결국 마음을 움직이기는 어렵겠죠. 반면 ②는 타당한 근거를 들며 접근하는 방식이에요. 술을 끊었을 때 얻게 될 긍정적인 결과를 알려 주고, 노력하면 좋은 결과를 이룰 수 있다는 메시지로 용기를 불어넣었어요. 논설문에서는 이런 방식이 훨씬 더 설득력이 있답니다. 누구나 아는 사실을 말하는 것보다 상대방의 마음을 움직이는 게 중요하죠. 그러기 위해선 내 주장이 왜 옳은지 뒷받침하는 이유를 구체적으로 알려 줘야 해요. 이게 바로 본론의 접근 방식이에요. 앞서 언급한 '급식 시간이 짧다.'라는 주제로 논설문을 쓴다면, 본문에는 다음과 같은 이유가 들어갈 수 있어요.

☆ **건강에 좋지 않아요.**
급식 시간이 짧으면 학생들은 음식을 제대로 씹지 못하고 삼켜야 해요. 그럼 소화가 잘되지 않아서 성장에 필요한 영양분이 부족해질 수 있어요.

☆친구들과 소통할 시간이 부족해요.

급식 시간은 친구들과 소통하고 관계를 맺는 소중한 시간이기도 해요. 급식 시간이 짧으면 밥을 허겁지겁 먹느라 대화할 시간이 하나도 없어요. 그러면 친구와 깊은 우정을 쌓기 힘들어요.

이렇게 이유를 구체적으로 설명하면 읽는 사람의 공감을 이끌어 낼 수 있어요. '그래, 밥을 급하게 먹으면 안 되지. 친구와 대화할 시간도 필요해.' 하면서 말이에요. 그러면서 실제로 급식 시간이 여유로운 학교의 사례를 들어 주는 것도 설득력을 높이는 하나의 방법이랍니다. 좋은 결과가 있었던 사례를 보면 글을 읽는 사람도 그렇게 해 보고 싶은 마음이 들거든요.

뉴질랜드 초등학교는 보통 급식 시간이 1시간이에요. 또 프랑스의 어느 초등학교는 무려 2시간이나 된다고 해요. 그 시간 동안 학생들은 점심을 맛있게 먹고, 운동장에서 친구들과 신나게 놀 수 있어요. 충분한 급식 시간 덕분에 학생들의 건강이 좋아지고, 수업에 대한 집중력과 흥미가 높아졌다고 해요.

자, 어떤가요? 이 글을 읽는다면 '우리 학교도 급식 시간을 한번 바꿔 볼까?' 하는 마음이 들 수 있겠지요? 하지만 쉽게 결정을 내리진 못할 거예요. 급식 시간을 변경하지 않는 이유로 '① 수업 시간이 줄어든다', '② 급식실 관리가 힘들어진다' 등의 반대 의견이 있기 때문이죠. 따라서 본론에서는 반대 의견까지 다루어야 더 완벽하게 설득할 수 있어요.

①의 반대 의견: 급식 시간이 길어진 만큼 수업 시간이 줄어들 것이라고 걱정하지만, 충분한 식사와 휴식이 주어지면 학생들은 더 집중력을 발휘해 수업에 참여할 거예요.

②의 반대 의견: 급식 시간이 늘어나면 오히려 급식실 운영에 효율적인 점도 있어요. 충분한 시간을 갖고 안전하게 식사를 할 수 있으니 사고를 줄일 수 있거든요. 그럼 안전 문제를 해결하기 위한 비용도 줄어드는 거죠.

이처럼 많은 사람들이 공감하고 이해할 수 있는 내용으로 이유를 들면, 그 주장은 더 쉽게 받아들여진답니다.

☆ 논설문을 쓸 때는 자료를 활용하는 것이 중요해요. 자료를 통해 구체적이고 설득력 있는 이유를 제시할 수 있기 때문이죠. 다시 말해, 얼마나 잘 자료를 모으느냐가 핵심이란 뜻이에요. 그럼 자료는 어떻게 모을 수 있을까요?

1 인터넷 검색 이용하기

사람들이
가장 많이
쓰는 방법

인터넷은 정보의 바다라 불릴 만큼 자료가 많아요. 만약 급식 시간에 관한 자료가 필요하다면 초등학교 홈페이지에 들어가 보세요. 학교마다 급식 시간에 관한 정보가 올라와 있을 거예요. 또 관련 뉴스 기사를 검색해 볼 수도 있고, 연구 결과나 전문가 의견을 찾아볼 수도 있겠지요.

주의 인터넷 자료는 신뢰할 수 있는 사이트에서 얻는 것이 중요해요. 인터넷에는 거짓 정보나 부정확한 내용도 많거든요. 따라서 자료를 찾을 때는 개인이 운영하는 블로그나 사이트보다 국가나 전문 기관에서 발간한 자료를 참고해 보는 것이 좋답니다.

2 칼럼 읽기

선생님이
자주
쓰는 방법

칼럼은 신문이나 잡지에 실리는 짧은 글이에요. 이 글은 특정 주제에 대한 생각이나 의견을 담고 있기 때문에, 그 주제를 더 깊이 이해하고 자신만의 생각을 발전시키는 데 도움이 된답니다. 만약 학교 급식에 관한 자료를 얻고 싶다면 해당 키워드로 칼럼을 찾아 읽어 보세요. 다른 사람의 의견에서 새로운 아이디어가 떠오르기도 하고, 이유를 말하거나 근거를 제시하는 방법도 배울 수 있어요.

3 설문 조사하기

설문은 여러 사람에게 같은 질문을 하여 그 생각이나 의견을 모으는 일이에
요. 예를 들어 '급식 시간'을 주제로 한다면 선생님 또는 친구들에게 다음과
같은 질문을 할 수 있겠죠.
1. 급식 시간이 늘어나면 더 좋을까요?
2. 급식 시간이 짧아 불편했던 경험이 있나요?
질문의 답을 모아 보면 사람들이 어떤 생각을 하는지 알 수 있고, 그 의견을
바탕으로 좋은 자료를 뽑아낼 수 있답니다.

4 전문가 인터뷰하기

오랫동안 한 분야를 연구해 남들보다 더 정확한 지식을 가지게 된 사람을
'전문가'라고 불러요. 전문가 인터뷰는 어떤 주제에 대해 전문가와 대화하
며 의견이나 정보를 얻는 방법이에요. 앞서 소개된 칼럼이나 설문만큼 깊
이 있고 믿을 수 있는 정보를 얻게 된답니다.

5 책의 목차 찾아보기

책의 목차를 보면 내용이 어떻게 전개될지를 한눈에 파악할 수 있어요. 만
약 '학교 급식'에 대한 내용을 찾고 싶다면 온라인 서점에서 책을 검색하고,
목차를 확인해 보세요. 그다음 책에서 내가 필요한 부분만 골라 읽는다면
정보를 빠르고 구체적으로 얻을 수 있답니다.

마무리가 가장 중요해!
깊은 인상을 심어 주기

> 서론과 본론을 열심히 쓰느라
> 결론을 흐지부지하게 끝내는 일도 많아요.
> 그러나 결론이 잘 완성되지 않으면
> 결코 깊은 인상을 남길 수 없어요.

올림픽 종목의 하나인 체조 경기를 본 적이 있나요? 체조 경기의 승패를 가르는 건 다름 아닌 착지예요. 아무리 경기 내내 멋진 기술을 선보여도 착지가 불안정하면 큰 감점을 받게 된답니다. 논설문도 이와 비슷해요. 서론과 본론을 잘 썼더라도 결론이 완성되지 않으면 독자들을 설득하기가 어려워요.

일상에서 결론의 중요성을 깨달았던 순간을 이야기해 볼게요. 오래전 우연한 기회에 액션 영화 한 편을 보았어요. 영화 시작부터 중간까지 주인공이 여러 위기를 극복해 가는 모습이 너무 흥미진진해 눈을 뗄 수 없었죠. 저는 마음을 졸이며 주인공이 무사하길 바랐어요. 하지만 영화가 끝난 후, "이게 뭐야?" 하며 허탈해졌답니다. 영화 마지막에 "이 모든 게 꿈이었어!"라는 대사가 나오더니, 주인공이 침대에서 일어나는 장면을 보여 줘 큰 실망감이 들었거든요. 영화를 보면서 느꼈던 흥미와 감동이 모두 사라지고 말았어요.

저는 이때 다시 한번 결론이 중요하다는 걸 깨달았어요. 논설문이든, 이야기든 간에 결론이 흐지부지되면 독자들은 '이게 뭐지?' 하는 생각이 들면서 핵심 메시지를 놓칠 수밖에 없겠죠. 선생님을 비롯한 작가들이 글 마무리에 정성을 쏟는 것도 이런 이유에서랍니다.

논설문에서 결론은 글의 핵심 메시지를 정리하고, 독자에게 여운을 남기는 역할을 해요. 그러니 결론이 잘 마무리되어야 독자의 마음에 남고, 그들의 행동을 변화시킬 수 있어요. 우리도 마지막까지 집중해서 멋진 결론을 만들어 보자고요. 자, 그러면 지금부터 결론을 잘 쓰는 몇 가지 비법을 알려 줄게요.

1. 비유 활용하기

비유는 내가 하려는 말을 다른 것에 빗대어 표현하는 방법이에요.

예) 나무가 잘 자라려면 충분한 햇빛과 물이 필요하듯, 학생들이 건강해지려면 충분한 식사 시간과 여유가 필요해요. 그러니 건강하고 즐거운 학교생활을 위해서 급식 시간을 조금 더 늘리는 건 어떨까요?

이렇게 비유를 활용하면 글이 더 쉽게 이해되고 강한 인상을 주어 독자들의 기억에 남게 된답니다.

2. 내용을 정리하면서 주제를 다시 강조하기

결론에서 글의 핵심을 한 번 더 강조하세요. 글의 주제를 다시 떠올리면 보다 확실하게 기억할 수 있답니다.

예) 급식 시간이 짧으면 건강에도 좋지 않고, 친구들과 소통할 시간도 부족해요. 반대로 급식 시간이 길어지면 음식도 잘 소화할 수 있고, 친구들과도 더 많은 이야기를 할 수 있어요. 그러니 학생들의 건강과 행복을 위해 급식 시간을 늘리는 것이 꼭 필요해요.

3. 긍정적인 미래를 보여 주기

완성률 ★★★★★

결론에서 긍정적인 미래를 제시하면 희망과 낙관적인 태도를 가지게 될 거예요. 그러면서 내 주장에 대해 관심을 기울일 가능성이 훨씬 높아져요.

예) 급식 시간에 여유가 생기면 학생들의 스트레스도 줄고, 수업에 대한 집중력도 높아질 거예요. 공부에 열중하는 학생이 많아지면 덩달아 학교 이미지도 좋아지겠죠? 결국 급식 시간을 늘리는 건 학교 발전에도 기여할 수 있어요. 함께 힘을 모아 더 좋은 급식 환경을 만들어 보면 어떨까요?

왜 결론을 잘 써야 하는지, 어떻게 결론을 쓸지 함께 배워 봤으니 이제 쓰는 일만 남았어요. 자, 여러분도 마지막 순간까지 집중해서 논설문을 잘 써 보세요!

멋진 결론은 글을 완성하는 열쇠야!

✿ 논설문은 주장하는 바가 옳다는 걸 설득력 있게 펼쳐야 하는 글이에요. 따라서 서론, 본론, 결론을 짜임새 있게 쓰는 것이 중요해요. 아래의 구조를 활용해 독자의 마음을 움직이는 논설문을 적어 보세요.

1. 서론

주제 소개하기: 읽는 사람이 관심을 가질 만한 이야기로 시작하기

예) 저는 아빠가 술을 마시면 너무 걱정돼요. 아빠가 술을 끊었으면 좋겠어요.

2. 본론

① 주장이 왜 옳은지 뒷받침하는 이유 적기

1. 예) 건강이 좋아져요.
   구체적 이유: 술을 많이 마시면 간과 심장에 병이 생길 수 있어요. 대신 술을 끊으면 이런 문제가 줄어서 몸이 더 건강해질 수 있어요.

2. 예) 가족과 많은 시간을 보낼 수 있어요.
   구체적 이유: 아빠가 술을 끊으면 가족끼리 함께 식사하거나 외출하는
   시간이 많아질 거예요.

3. 예) 돈을 절약할 수 있어요.
   구체적 이유: 아빠가 술을 끊으면 지출을 줄일 수 있어요. 그 돈을 저축하면
   필요한 물건을 사는 데 도움이 될 수 있어요.

② 반대 의견 다루기

예) 술을 끊으면 스트레스가 심해질까 봐 걱정될 수 있어요. 그렇지만 술을 대신
할 다른 방법은 많아요. 이를테면 운동, 산책, 연주 같은 것들이 있지요.

3. 결론

예) '술은 백해무익이다.'라는 말이 있잖아요. 아빠가 술을 끊으면 우리 가족은
더 행복해질 거예요.

☆ 사람들은 뭘 궁금해할까?
☆ 설명문을 잘 쓰기 위한 방법①
☆ 설명문을 잘 쓰기 위한 방법②

누구나 이해하는 설명문 쓰기

설명문은 직접 보고 들은 걸 쓰는 거라고? 쉬운 것 같으면서도 어렵네.

사람들은 뭘 궁금해할까?
정보를 알려 주는 글

이순신 장군은 적의 침입을 보고하는 부하에게
"직접 보고 들은 것만 이야기하라."라고 말했어요.
이것이 바로 설명문이랍니다.

어렸을 때, 변신 로봇 사용법을 설명해 본 적이 있나요? "로봇 몸통에 있는 변신 버튼을 눌러 봐. 로봇 다리랑 팔이 움직이지? 이제 다리를 밑으로 내려서 자동차 바퀴를 만들어. 팔은 안쪽으로 접어서 자동차 문으로 만들면 돼." 기억이 새록새록 떠오른다고요? 그럼 설명문도 잘 쓸 가능성이 높아요! 듣는 사람이 무엇을 알아야 하는지 정확하게 파악하고, 변신의 과정과 기능을 설명해 주었으니까요. 이렇게 상대방에게 필요한 지식을 전달하는 것이 설명문의 핵심이랍니다.

어때요? 설명문을 잘 쓸 수 있겠다는 자심감이 드나요? 아직 어렵다고요? 얼핏 보면 쉬운 것 같은데 막상 전달해야 할 중요한 정보가 뭔지도 모르겠고, 상대방이 무엇을 궁금해하는지도 모르겠다고요? 그렇다 해도 여러분은 잘할 수 있어요. 모르는 게 무엇인지 또는 궁금한 점이 무엇인지 알아내는 것부터가 설명문 쓰기의 첫걸음이거든요! 그러니 조금만 더 자신감을 가지고 집중해 보세요. 선생님이 설명문을 잘 쓰기 위한 두 가지 원칙을 알려 줄게요.

첫째, 자세히 알려 줄 것!

설명문을 쓸 때는 나는 아는 내용이라도 남들은 모를 수 있다는 사실을 항상 생각해야 해요. '변신 로봇에 건전지 넣는 법'을 예로 들어 볼게요.

예1) 건전지를 넣으세요.

언뜻 보면 간단하게 잘 작성되었다고 생각하겠지만, 사실 어떤 건전지를 어떻게 넣어야 하는지에 대한 정보가 부족한 글이에요.

예2) AAA 건전지 4개를 넣어 주세요. 건전지의 +극과 −극을 반드시 확인하세요.

이렇게 건전지의 종류와 개수, 방향 등을 알려 주어야 실수 없이 넣을 수 있어요. 설명문은 읽는 사람이 쉽게 이해할 수 있도록 써야 내용이 더 잘 기억될 수 있답니다.

둘째, 객관적인 사실에 기반해 알려 줄 것!

앞서 말했듯 설명문은 정보를 전달하는 글이에요. 그런데 만약 자기 생각과 느낌을 많이 써넣으면 대상을 정확히 이해하는 데 혼동을 줄 수 있어요. 가령 '이 로봇은 진짜 멋있어요! 변신할 때 신나는 소리가 나요. 또 자동차로 바뀌면 정말 빠르게 움직여요!'라고 하면 어떨까요? 이런 내용은 재미있을 수는 있지만, 로봇의 사용법과는 무관해요. 대신 이렇게 써야겠죠.

'로봇이 변신하는 동안 작은 진동과 함께 소리가 나요. 이때 다리와 팔을 접어서 자동차의 바퀴와 문을 만들 수 있어요. 변신 후에는 바퀴가 바닥에 맞닿으면 로봇이 앞으로 굴러가요.'

어때요? 주관적인 감정이나 느낌보다는 있는 그대로 사실과 정보를 전달해 주는 것이 좋겠죠? 이 두 가지 원칙만 기억하면, 누구나 이해할 수 있는 설명문을 쓸 수 있답니다. 여러분도 명확하고 친절한 설명문을 완성해 보세요. 🖊

다음 중 설명문으로 나타낼 수 없는 것은 무엇일까요?

① 수학 문제 푸는 방법　　② 세종대왕 소개

③ 짜장면 요리법　　④ 크리스마스 유래

⑤ 서울에서 독도 가는 길 안내　　⑥ 로봇 청소기 사용법

⑦ 우주의 탄생과 역사　　⑧ 우리 가족 소개

좀 어렵나요? 사실 정답은 없답니다! 어떻게 보면 우리가 일상에서 쓰고 읽는 거의 모든 글이 설명문에 가깝다고 할 수 있어요. 그러니 지식, 인물, 정보, 방법 등 무언가를 알려 주고 싶다면 설명문으로 나타내면 돼요.

설명문을 잘 쓰기 위한 방법①
자세히 관찰하기

묘사는 설명문의 뼈대를 만드는
작업이라고도 할 수 있어요. 관찰한 것을
정확하고 자세하게 표현하는 일이
설명문의 기본이거든요.

수영하기 전에 준비 운동을 해요. 또 달리기하기 전에는 스
트레칭을 하고요. 왜 그럴까요? 맞아요, 운동을 잘하기 위해서
죠. 준비 과정이 있어야 몸을 더 잘 움직이고, 힘도 더 낼 수 있
는 거예요. 설명문도 그래요. 설명문을 쓰기 전에 먼저 해야 할 일
이 있어요. 설명하려는 대상을 자세히 관찰하는 거예요.

만약 변신 로봇 사용법을 설명한다고 하면 '굳이 관찰할 필
요가 있나? 로봇 몸통에 팔이랑 다리가 붙어 있는 걸 확인하면

됐지.'라고 생각할 수도 있지만, 절대 아니에요. 대충 보고 넘어가면 설명서의 중요한 부분을 놓칠 수 있어요. 변신 로봇이 어떻게 생겼고, 어떻게 움직이는지를 정확히 알아야 해요. 그래야 로봇의 사용법을 자세히 설명할 수 있어요. 자신이 알지 못하는 걸 설명할 수는 없거든요. 변신 로봇의 팔이 어떤 원리로 움직이고, 다리는 어떻게 변신하는지, 작동 버튼을 누르려면 어디를 살펴야 하는지 등등 모든 것을 관찰해야 하죠. 아래 변신 로봇 설명을 예로 들어 볼게요.

모양: 팔의 길이는 몸통의 길이와 비슷합니다. 어깨는 직사각형 모양으로 평평하고, 아래로 갈수록 점점 좁아집니다.

색상: 은색으로 반짝이고, 팔꿈치 부분에는 빨간 조명이 있습니다. 손은 검은색입니다.

이렇게 팔의 모양을 정확히 관찰하면 팔이 어떻게 움직이는지, 어떻게 변신하는지 더 잘 파악할 수 있게 돼요.

움직임: 팔꿈치 부분에 관절이 있어 구부리고 펼 수 있습니다.

변신하기: 로봇의 팔을 안으로 접으면 차의 문이 됩니다.

이번엔 다리를 관찰해 볼까요?

모양: 긴 직사각형 형태로 몸통의 1.2배입니다.

발이 받침대 역할을 해 안정감 있게 서 있을 수 있습니다.

색상: 은색으로 반짝이고, 무릎 관절 부분에는 빨간 조명이 있습니다.

위와 마찬가지로 다리의 모습을 정확히 관찰하면 다리가 어떻게 접히고, 변신할 때 어떤 역할을 하는지 잘 설명할 수 있답니다.

움직임: 무릎과 발목에 관절이 있어 구부리고 펼 수 있습니다. 발에 바퀴가 달려 있어 빠르게 이동할 수 있습니다.

변신하기: 무릎 관절을 완전히 구부리면 차의 뒷부분이 됩니다.

☆ 아래의 변신 로봇을 관찰하고, 다른 사람들에게 정확히 전달될 수 있게 묘사해 보세요.

작동 시간 2시간
사용 연령 5세 이상
재질 플라스틱, 금속

변신 로봇의 몸통

모양: 어깨 부분이 높이 솟아 있으며 _____

_____

_____

색상: 팔과 다리는 빨간색이며 _____

_____

_____

스스로 해 보기

변신 로봇의 머리

모양: 뾰족한 브이 모양으로 _____

_____

_____

색상: 이마 부분은 노란색이며 _____

_____

_____

묘사를 잘하는 네 가지 방법

1 형태를 자세히 설명하기

설명하려는 대상이 어떤 모양과 색깔인지, 어디에 위치하는지 등을
정확히 적어 보세요.

예) 다리(X)

직사각형 모양의 빨간색 다리(O)

2 사물의 촉감, 숫자까지 넣어 주기

만졌을 때 어떤 느낌인지 또는 무엇이 쓰여 있는지도 알려 주면 더 잘
표현할 수 있어요.

예) 몸통은 가운데에 있어요.(X)
    몸통은 딱딱한 금속이고, 가운데에는 숫자 1이 쓰여 있어요.(O)

3 애매한 표현은 금지

'어느 정도', '대충', '상당히' 같은 말은 정확하지 않아요. 숫자로 확실하게
표현해 주세요.

예) 어느 정도 작동해요.(X), 2시간 동안 작동해요.(O)
    나이가 상당히 어린 사람은 금지예요.(X), 만 5세 이하는 금지예요.(O)

4 생김새를 구체적으로 설명하기

'멋있다', '예쁘다' 같은 단순한 말보다 어떻게 생겼는지 구체적으로 적어
보세요.

예) 얼굴이 멋있게 생겼어요.(X)
    로봇의 얼굴은 뾰족한 브이 모양으로, 눈은 하얀색이에요.(O)

설명해야 할 대상을
자세히 관찰해 봐!

설명문을 잘 쓰기 위한 방법②
처음, 중간, 끝으로 설명하기

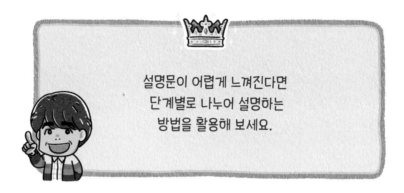

설명문이 어렵게 느껴진다면
단계별로 나누어 설명하는
방법을 활용해 보세요.

이제 설명문을 잘 쓸 수 있을 것 같나요? 뭔가 알 것 같기도 하고, 아닌 것 같기도 하다고요? 그럼 선생님이 더 확실한 방법을 하나 알려 줄게요.

'필요한 정보를 단계별로 나누어 쉽게 이해할 수 있도록 쓰자.'

즉, 복잡한 내용을 작고 간단한 부분으로 조금씩 나누어 써 보는 거예요. 한꺼번에 너무 많은 정보를 알려 주기보다 하나씩 차근차근 설명하는 거죠. 그럼 읽는 사람이 훨씬 더 재미있고 쉽게 이해할 수 있답니다. 선생님이 설명문을 잘 쓰는 두 번째 방법을 단계별로 알려 줄 테니 잘 따라와 보세요!

1. 처음: 소개하기

처음에는 '무엇을 설명할 것인지', '글을 쓰는 이유' 등을 밝히세요. 예를 들어 '세종대왕 소개'를 한다면 이렇게 시작하는 거죠.

> 여러분, 한글을 누가 처음 만들었는지 알고 있나요? 바로 세종대왕이에요. 세종대왕이 어떤 인물이었는지, 백성들을 위해 어떤 일을 했는지 알아보는 시간을 가질 거예요.

글의 첫머리에 소개되는 내용을 통해 독자는 어떤 정보를 얻을 수 있는지 알게 되고, 자신에게 필요한 정보인지 아닌지도 판단할 수 있답니다.

2. 중간: 설명하기

대상을 알기 쉽게 자세히 설명하세요. 만약 설명하는 대상이 사람이라면 출생, 업적, 특징 등에 대한 정보를 제공하는 게 좋아요.

> 세종대왕은 조선의 네 번째 왕으로, 백성을 사랑하고 나라를 잘 다스렸던 인물로 유명해요. 세종대왕은 백성들이 글을 읽고 쓰지 못하는 것을 안타깝게 여겼어요. 그래서 모두가 쉽게 읽고 쓸 수 있도록 새로운 글자를 만들었는데, 그게 바로 한글이에요. 덕분에 백성들의 삶은 전보다 훨씬 편리해졌어요. 또한 세종대왕은 농사와 과학에도 관심이 많았고, 과학자인 장영실과 함께 물시계와 측우기를 만들기도 했어요. 이러한 발명품은 백성들의 삶을 풍족하게 만드는 데 큰 도움을 주었답니다.

자세히 설명하면 세종대왕에 대해 잘 이해할 수 있고, 얼마나 훌륭한 인물이었는지 알게 돼요.

3. 마지막: 정리하기

처음과 중간의 내용을 요약하고 마무리하세요.

세종대왕은 백성을 사랑하고 나라를 발전시키기 위해 많은 노력을 한 왕이에요. 그의 업적은 오늘날 우리의 삶에도 큰 영향을 미치고 있어요. 세종대왕은 지금까지도 많은 사람들에게 존경을 받고 있답니다.

이렇게 요약하면 중요한 부분을 잘 기억할 수 있게 되고, 읽은 내용을 쉽게 떠올릴 수 있어요. 어때요? 생각보다 어렵지 않죠? 처음, 중간, 끝으로 나눠서 정보를 알기 쉽게 설명하기! 이 방법을 활용하면 설명문을 잘 쓸 수 있어요.

☆ 설명문은 주제에 따라 내용은 다르지만 글을 쓰는 방법은 비슷하답니다. 읽는 사람이 이해하기 쉽게 처음, 중간, 끝을 짜임새 있게 나누어 쓰기만 하면 돼요. 그럼 함께 차근차근 설명문을 써 볼까요?

1 설명문으로 쓰기에 좋은 주제 찾기

설명하고 싶은 주제를 정하세요.
예) 명절/기념일: 성탄절, 추석, 설날
    인물: 세종대왕, 스티브 잡스, 마틴 루서 킹
    요리법: 떡볶이, 초콜릿, 김치찌개
    사용법: 세탁 건조기, 스마트폰, 로봇 청소기
    과학 이론: 중력의 원리, 전기의 흐름

2 글을 왜 쓰는지 생각하기

주제를 선택한 이유를 생각해 보세요.
예) 성탄절: 기념일이 된 이유와 관련 풍습을 알려 주기 위해
    세종대왕: 업적과 한글의 중요성을 알리기 위해
    떡볶이: 떡볶이를 맛있게 만드는 방법을 알려 주기 위해

3 읽는 사람을 고려하기

읽는 사람이 어떤 정보를 궁금해할지 상상해 보세요.
어린이, 청소년 등 독자의 나이에 따라 필요한 표현과 정보가 다를 수 있어요.

1) 처음: 무엇을 이야기할지 간단히 소개하세요. 흥미를 유도하는 질문
이나 짧은 이야기로 시작해 보아요.

예) 여러분! 해마다 성탄절이 되면 예수 그리스도의 탄생을 축하하며
선물을 주고받아요. 그럼 왜 우리는 성탄절에 선물을 주고받을까요?
또 성탄절은 언제부터 시작된 걸까요? 오늘은 성탄절의 유래와 의미에
대해 알아볼게요.

2) 중간: 독자에게 필요한 정보를 쉽게 자세히 설명하세요.

예) 예수 그리스도의 탄생을 기념하는 성탄절은 약 1,600년 전쯤부터 시작되었
어요. 날짜가 12월 25일인 이유는 로마 제국 '사투르날리아'라는 축제와 관
련 있어요. 이 축제는 사람들이 모여 즐거운 시간을 보내고 선물을 주고받는
자리였어요. 그래서 이와 비슷한 날에 성탄절이 정해진 거예요.
(출처: 한국민족문화대백과사전)

3) 끝: 설명한 내용을 정리하거나 간단한 제안을 해 보세요.

예) 이처럼 성탄절은 사랑과 나눔의 의미를 되새기는 특별한 날이에요.
여러분도 성탄절에 소중한 사람들과 시간을 보내고, 소외된 이웃들과도
작은 사랑을 나누어 보세요.

★ 처음 시작은 누구나 어렵다. ★ 걸음마를 배울 때도
★ 글 쓰는 일에 미리 겁먹지 말자. ★ 아자아자 파이팅!
★ 글쓰기도 마찬가지다. ★ 안 써 봐서 어려운 거다. ★
시작은 누구나 어렵다. ★ 걸음마를 배울 때도 그렇다.
는 일에 미리 겁먹지 말자. ★ 아자아자 파이팅! ★ 처음
쓰기도 마찬가지다. ★ 안 써 봐서 어려운 거다. ★ 글 스
은 누구나 어렵다. ★ 걸음마를 배울 때도 그렇다. ★ 글
에 미리 겁먹지 말자. ★ 아자아자 파이팅! ★ 처음 시작
도 마찬가지다. ★ 안 써 봐서 어려운 거다. ★ 글 쓰는
구나 어렵다. ★ 걸음마를 배울 때도 그렇다. ★ 글쓰기
리 겁먹지 말자. ★ 아자아자 파이팅 ★ 처음 시작은 누

☆ 독후 감상문은 왜 써야 하는 걸까?
☆ 독후 감상문 쓰기①
☆ 독후 감상문 쓰기②
☆ 독후 감상문 쓰기③

4장

남과 다른 독후감상문 쓰기

책은 재미있게 읽었는데,
내가 느낀 생각과 감정을
어떻게 글로 표현해야 할까?

독후 감상문은 왜 써야 하는 걸까?

재미와 감동이 두 배로!

독후 감상문은 책을 읽은 후 혼자 간직하기
아까운 감정을 여러 사람들과 나누는 거예요.
이러한 활동은 내가 읽은 책을
더 특별하게 만들어 준답니다.

선생님이 재미있게 봤던 영화 '인사이드 아웃'에 대해 이야기해 볼까요? 영화는 사람마다 머릿속에 감정을 조절하는 본부가 있다는 설정과 함께 여러 감정이 캐릭터로 표현되어 활약하는 이야기를 담았어요. 그래서 우리는 영화를 보고 난 후에 이런 대화를 나누곤 해요.

"나는 밝고 긍정적인 기쁨이가 가장 좋았어."

"맞아, 기쁨이가 있어야 인생이 즐겁잖아. 그럼 슬픔이는 어땠어?"

"슬픔은 감정을 더 깊게 만드니까, 슬픔이도 꼭 필요한 것 같아."

이처럼 영화 속 사건과 등장인물에 대한 생각을 이야기해요. 왜 그럴까요?

첫째, 재미를 더 크게 느낄 수 있어요.

어떤 장면이 가장 기억에 남는지, 왜 그 장면이 좋았는지 이야기해 보세요. 영화에서 보았던 장면이 다시금 떠오르면서 감동이 더 커질 수 있어요. 또 그 과정에서 새로운 재미를 발견하기도 하지요.

둘째, 인상 깊었던 장면을 오래 기억할 수 있어요.

흥미롭게 보았거나 인상 깊었던 장면을 이야기하면 그 장면이 머릿속에 더 오래 남아요. "기쁨이가 춤추는 모습이 정말 웃겼어!"라고 말하면서 자연스럽게 즐거웠던 감정이 떠오르고, 그 장면이 선명하게 새겨지게 된답니다.

셋째, 서로의 생각을 알 수 있어요.

자신의 생각과 감정을 표현하는 방법은 여러 가지가 있어요. 그중에서도 책이나 영화를 통해 이야기를 나누는 것이 꽤 효과적이랍니다. 만약 "불안이가 등장하는 장면에 완전 몰입했어."라고 한다면, 그 이야기를 듣는 입장에서는 '이 친구도 불안한 감정이 마음에 있구나.'라고 생각할 수 있어요. 또 "슬픔이 꼭 나쁜 감정만은 아닌 것 같아."라고 한다면, '슬픔에 빠져 힘든 적이 있었구나.'라고 생각할 수 있죠. 이렇게 자기를 표현하다 보면 서로를 깊이 이해할 수 있게 돼요. 그럼 관계도 가까워지고 더 좋은 친구 사이가 될 수 있답니다.

이제 슬슬 선생님이 하려는 말이 뭔지 알겠다고요? 맞아요! 책을 읽고 나서도 자신의 생각과 감정을 나누어 보세요. 책을 읽게 된 이유, 책을 읽고 떠오른 생각과 느낌, 인상 깊었던 부분, 가장 마음에 들었던 대사, 주인공에게 하고 싶은 말 등을 자유롭게 이야기해 보아요. 그리고 그걸 글로 나타내기만 하면 돼요. 이게 바로 독후 감상문이에요. 책을 읽고 난 후 자신의 생각과 느낌을 글로 정리하는 것이죠. 그럼 그 책에 대한 이해가 깊어지고 새로운 시각도 얻을 수 있답니다.

여전히 독후 감상문 쓰기가 어렵게 느껴진다고요? 절대 그렇지 않아요. 영화를 보고 나누는 이야기처럼 편하게 생각하면 돼요. 만약 바로 글로 옮기는 게 힘들다면 말 버튼을 눌러보세요. 그럼 생각이 잘 정리되고 글쓰기가 수월해질 거예요. 처음부터 완벽하게 쓸 필요도 없어요. 영화 엔딩 자막이 올라갈 때의 감동을 기억하듯, 책을 덮자마자 떠오른 생각과 느낌을 간단히 적는 거예요. 그러면 책 속의 이야기가 특별하게 다가오고, 나만의 멋진 생각도 떠오르게 돼요. 이게 바로 책을 읽는 즐거움이자 독후 감상문을 쓰는 이유랍니다. 그럼 다음 글을 읽고 독후 감상문을 써 볼까요?

《효녀 심청》

옛날 옛적, 한 마을에 심청이라는 소녀가 살고 있었어요. 심청이는 어머니를 일찍 여의고, 눈이 먼 아버지를 극진히 모시는 효녀였답니다. 심청이는 아버지를 대신해 돈을 벌었고, 궂은일도 도맡아하면서 열심히 살았어요.

그러던 어느 날, 심청의 아버지인 심학규가 곤경에 빠지는 일이 생겼어요. 길을 지나다가 실수로 개천에 빠진 거예요. 심학규는 너무 놀라 크게 소리치며 물속에서 허우적거렸어요.

"살려 주세요!"

마침 그때 개천을 지나던 스님이 물에 빠진 심학규를 구해 주고는 이렇게 말했지요.

"보아하니 눈이 멀어 이런 일을 당하게 된 것 같소만, 당신이 눈을 뜰 수 있는 방법이 있소. 대신 그 대가로 공양미 300석을 부처님께 바쳐야 하오."

심학규는 부처님께 공양하면 눈을 뜰 수 있다는 말에 희망이 생겼어요. 그래서 덜컥 공양미 300석을 바치겠다고 약속했답니다.

시간이 지나자 심학규는 고민에 빠졌어요. 당장 앞도 보지 못하는데, 쌀 300석을 어떻게 구해야 할지 막막했기 때문이에요. 결국 딸 심청에게 이 사실을 털어놓았고, 심청이는 그 이야기를 듣고 깜짝 놀랐어요. 그러면서도 아버지를 위해 무엇이든 해야 한다고 생각하며 이렇게 대답했지요.

"아버지, 걱정 마세요. 제가 다 해결해 드릴게요."

심청이는 아버지의 눈을 뜨게 하고자 자신의 목숨을 바치기로 마음먹었어요. 인당수에 몸을 던지는 대가로 뱃사람들에게 쌀 300석을 받기로 했지요. 결국 심청이는 스스로 바다에 뛰어들었어요.

바다에 몸을 던진 심청이는 용궁으로 가게 되었고, 그곳에서 용왕을 만났어요. 용왕은 심청이를 반갑게 맞이하며, 심청의 효성스러운 마음과 희생을 칭찬했어요.

"정말 착한 아이로구나!"

용왕은 심청이를 연꽃 속에 넣어 다시 인간 세상으로 돌려보냈어요. 아버지를 위해 희생한 심청이에게 새로운 기회를 주고 싶었기 때문이에요.

"돌아가서 아버지를 잘 모시도록 해라."

심청이를 태운 연꽃은 인간 세상으로 떠내려갔고, 마침내 왕에게 발견되었답니다. 왕은 심청의 아름다움과 지혜에 감동해 그녀를 사랑하게 되었어요. 그리고 심청이를 왕비로 맞이했어요.

왕비가 된 심청의 마음속에는 여전히 아버지가 자리 잡고 있었어요. 눈이 먼 아버지가 잘 지내고 있을지 늘 걱정이었죠. 그래서 심청이는 왕에게 자신의 아버지를 찾아 달라고 부탁했답니다. 왕은 심청의 소원을 들어주기로 하고, 전국 각지에 있는 눈이 먼 사람들을 위해 큰 잔치를 열었어요. 이렇게 하면 심학규도 소식을 듣고 잔치에 찾아올 거라고 생각했죠.

심청의 바람대로 소식을 들은 심학규는 궁궐 잔치에 참석했어요. 심청이는 궁궐에 들어서는 심학규를 보자마자 눈물을 흘렸어요. 그러고는 아버지에게 달려가 소리쳤어요.

"아버지, 저 심청이에요!"

심학규는 심청의 목소리를 듣고 깜짝 놀랐어요. 그동안 딸이 죽은 줄로만 알았기 때문이에요.

"심청아, 살아 있었구나!"

심학규는 기쁨과 감격의 눈물을 흘리며 심청이를 껴안았어요. 그런데 그 순간, 정말 놀라운 일이 일어났답니다. 갑자기 심학규의 눈 앞이 환해지며 또렷이 보이기 시작한 거예요. 심학규는 딸의 얼굴을 보며 행복의 눈물을 흘렸어요.

"심청아, 아버지가 미안하다! 널 그렇게 보내다니⋯⋯."

이렇게 해서 심청이는 아버지를 궁궐로 모시게 되었어요. 드디어 아버지와 딸이 함께 살게 된 거예요. 심청이는 아버지 곁을 다시는 떠나지 않겠다고 다짐했고, 심학규도 심청이를 잃지 않겠다고 결심했답니다.

《효녀 심청》 너무 재미있다! 독후 감상문을 빨리 쓰고 싶어!

독후 감상문 쓰기 ①

주인공의 경험과 자신의 경험을 연결 짓기

이야기 속 주인공의 선택과 행동에 공감해 보세요.
만약 나에게도 비슷한 상황이 생긴다면
어떻게 행동할지 생각해 보아요.

여러분은 《효녀 심청》을 읽고서 어떤 감정을 느꼈나요?

 ① 기쁘고 즐겁다.   ② 슬프고 안타깝다.   ③ 화가 난다.

사실 모든 감정을 다 느낄 수 있어요. 주인공이 불행한 일을 겪으면 슬프고, 억울한 일을 당하면 화가 나고, 행복한 순간을 맞으면 덩달아 기쁘고 즐겁지요. 그럼 우리는 왜 이런 감정을 느끼는 걸까요?

첫째, 이야기에 집중하면 주인공이 된 것처럼 똑같은 감정을 느끼기 때문이에요. 그래서 주인공이 행복하면 우리도 행복해지고, 어려운 일을 겪으면 걱정되고 슬퍼지는 거예요.

둘째, 주인공과 비슷한 경험을 한 적이 있기 때문이에요. 예를 들어 주인공의 아버지가 몸이 아프다면, 예전에 아버지가 다쳤을 때 느꼈던 걱정과 두려움이 떠오를 수 있어요. 그러면서 이야기 속 감정을 더 깊이 느끼게 되는 것이죠.

즉, 주인공의 이야기에 공감하다 보면 기쁨이나 슬픔 등의 감정을 자연스럽게 느낄 수 있어요. 독후 감상문에 바로 이런 감정을 솔직하게 쓰면 돼요. 주인공의 행동이나 경험에 대해 어떤 기분이나 감정이 들었는지 적어 보는 거예요. 더불어 주인공의 경험을 나의 경험과 연결 짓는다면 더 풍부한 글이 될 수 있어요. 선생님이 먼저 예를 들어 볼게요.

☆ 책을 읽고 난 후 기분이나 감정: 심청이가 아버지를 위해 공양미

300석을 구하는 장면이 인상 깊었다. 힘든 결정을 내릴 수밖에 없었던 상황을 상상하니 가슴이 아팠다. 동시에 아버지를 걱정하는 심청의 효성스러운 마음이 전해져 뭉클했다.

☆ 주인공의 경험을 나의 경험과 연결: 그 장면을 읽으면서 예전에 아픈 아빠를 위해 집안일을 도왔던 기억이 떠올랐다. 심청이에 비하면 아주 사소한 것이지만, 아빠를 걱정하고 사랑하는 마음이 없었다면 하지 않았을 거다. 그래서 이야기 속 심청의 행동을 깊이 공감할 수 있었다.

그럼 이렇게 정리해 볼 수 있겠죠?

심청이가 공양미 300석을 구하기 위해 스스로 희생하는 장면을 보면서 너무 안타까운 마음이 들었다. 심청이가 얼마나 어려운 상황에 처해 있는지, 아버지를 얼마나 사랑하는지가 고스란히 느겨졌기 때문이다.

또, 예전에 아픈 아빠를 도왔던 기억도 떠올랐다. 심청이에 비하면 아주 사소한 것이지만, 설거지와 청소를 대신하고 식사도 준비했다. 아빠를 사랑하는 마음이 없었다면 하지 못했을 일이기에 심청의 행동이 더 공감되었다.

이게 바로 '주인공의 경험과 연결 짓기'라는 거예요. 생각보다 어렵지 않죠? 나의 경험을 돌아보며 주인공의 마음을 이해하고, 생각을 발전시킬 수 있는 좋은 방법이랍니다. ✏️

독후 감상문에
쓰고 싶은
내용이 떠올랐어!

☆ 주인공의 경험과 자신의 경험을 연결지어 독후 감상문을 써 보세요. 주인공의 행동을 보고 느낀 감정을 솔직하게 적고, 왜 그런 행동을 했을지, 비슷한 상황에서 나는 어떻게 행동했을지 떠올려 봐요.

1 책 제목 쓰기

예) 토끼와 거북이

2 주인공 설명하기

주인공의 특징이나 역할도 함께 적어 보세요.
예) 토끼: 걸음이 빠르고 자신감이 넘치는 성격
　　거북이: 행동은 느리지만 끈기를 가진 성격

3 인상 깊었던 장면 설명하기

어떤 장면이었고, 어떤 느낌이 들었는지 간단히 적어 보세요.
예) 토끼가 경주 중에 잠을 자는 장면이 기억에 남는다. 경주에서 자신이 이길 것이라는 확신에 가득 차 있던 토끼의 모습이 너무 거만하게 느껴졌다.

4 　자신의 경험 연결하기

주인공과 비슷한 경험을 떠올려 보세요. 구체적일수록 좋아요.

예) 학교에서 보는 수학 시험을 소홀히 준비했던 경험이 떠올랐다. 스스로 수학을 잘한다고 생각하며 방심했던 태도 때문에 결국 좋은 결과를 얻지 못했다.

5 　주인공에게 공감하기

주인공의 감정에 어떻게 공감했는지, 어떤 의미가 있었는지 적어 보세요.

예) 그때 나는 토끼처럼 '이 정도면 충분해.' 하고 마음을 놓고 있었다. 또 친구들이 열심히 공부하는 걸 보면서도 '나는 잘할 거야.'라고 생각했다. 그 결과 시험에서 낮은 점수를 받았다.

6 　결론 정리하기

이 이야기를 통해 배운 점이나 느낀 점을 정리해 보세요.

예) 앞으로 토끼처럼 행동하지 않을 것이며, 절대 자만하지 않도록 조심해야겠다고 다짐했다. 어떤 일이든 자신감이 넘쳐 대충하면 좋은 결과를 얻지 못한다는 것을 깨달았기 때문이다.

독후 감상문 쓰기②
인물의 행동 비판하기

비판적으로 살펴보기는 '주인공의 경험과
연결 짓기'와도 비슷한 부분이 있어요.
앞으로 이런 일이 생기면 어떻게 행동할지
교훈을 얻을 수 있거든요.

책 속에는 여러 인물이 나와요.《효녀 심청》을 보더라도 심청, 심학규, 스님, 용왕, 뱃사람 등이 나오잖아요? 일상에서도 그렇지만 책 속의 인물이라고 모두 올바른 행동을 하는 것은 아니에요. 우리는 책을 읽으면서 '이랬다면 어땠을까?', '그때 그러지 말아야 했는데.'라고 생각하기도 해요.

예를 들어 심청이가 아버지를 위해 희생하는 장면에서는 '정말 최선의 선택이었을까?'라는 질문을 던질 수 있어요. 이것이 바로 '인물의 행동을 비판적으로 살펴보기'예요. 등장인물의 행동을 살펴보며 '왜 그랬을까?', '다른 방법은 없었을까?'라는 질문을 던져 보는 거죠.

여러분도 책을 읽으면서 자기도 모르게 중얼거리며 주인공에게 질문을 던진 적이 있나요? 있다고요? 그럼 '등장인물의 행동을 비판해 보는 독후 감상문'을 잘 쓸 수 있을 거예요.《효녀 심청》에서 몇 가지 예를 더 들어 볼게요.

☆ 스님의 행동 살펴보기

부처님께 공양미 300석을 바쳐야 눈을 뜰 수 있다고 말한 건 잘못이야. 심학규의 형편을 배려하지 않은 무책한 말 때문에 결국 심청이가 인당수에 몸을 던지게 된 거잖아. 눈을 뜨고 싶었던 심학규의 간절한 마음을 이용한 것 같아.

☆ 심학규의 행동 살펴보기

지키지도 못할 약속을 덜컥 하다니! 게다가 그 이야기를 어린 심청에게 한 것도 좋지 않아 보여. 심청에게 쌀 300석을 구해 오라고 강요한 것과 다름없잖아. 정말 심청이를 위했다면 더 신중했어야지.

☆심청의 행동 살펴보기
심청의 마음도 이해는 가지만 인당수에 몸을 던진 일은 최선의 선택이 아니었던 것 같아. 자신이 희생해야 아버지가 눈을 뜰 수 있다고 생각한 걸까? 설마 그렇다 하더라도 심청의 행동은 경솔했어. 진정한 효도는 끝까지 아버지 곁을 지키는 것이라고 생각해.

　

등장인물의 행동을 그대로 받아들이지 않고 비판적으로 생각해 보는 것도 중요해요. 그래야 이야기를 또 다른 관점에서 바라볼 수 있어요. '심청의 선택이 옳았을까?'를 질문하는 과정에서 '진정한 효도란 무엇일까?', '부모와 자식 사이에 책임은 어디까지일까?' 등을 고민해 볼 수 있거든요.

한 단계 더 나아가서 '그렇다면 바람직한 행동은 무엇일까?'를 생각할 수 있겠지요. 그러면서 삶에 적용할 수 있는 지혜까지 얻을 수 있답니다.

이 이야기를 통해 '자신이 한 말이나 행동에는 책임을 져야 한다.'라는 것을 깨달았다. 스님은 심학규의 형편을 고려하지 않고 공양미 300석을 요구했고, 심학규는 그 부담을 어린 심청이에게 넘겼다. 또한 심청이는 아버지를 위한다는 이유로 잘못된 선택을 했다. 만약 스님, 심학규, 심청이 책임감을 가지고 현명한 결정을 내렸더라면 어땠을까? 스님이 지혜로운 말을 해 주었더라면, 심학규가 심청이에게 다른 방식의 도움을 바랐더라면, 심청이가 혼자 고민하지 않았더라면, 이야기는 훨씬 더 긍정적인 방향으로 흘러갔을 것이다. 나는 이 이야기를 교훈 삼아 앞으로는 쉽게 약속하거나 누군가에게 부담을 주는 말을 하지 않겠다고 다짐했다.

이게 바로 '등장인물의 행동을 비판해 보는 독후 감상문'이에요. 등장인물의 행동으로 인해 벌어진 일들을 살펴보면서 그 교훈을 자신에게도 적용해 보는 것이죠. 여러분도 기억에 남는 인물의 행동이 있나요? 그 행동을 통해 무엇을 배울 수 있는지 함께 생각해 봐요.

☆ 등장인물의 행동을 바라보며 자신만의 생각과 교훈을
정리해 보세요.

1　책 제목 쓰기

예) 흥부와 놀부

2　등장인물 설명하기

책에 나오는 인물의 이름과 성격 등을 간단히 적어 보세요.

예) 흥부: 놀부의 동생. 착하고 남을 위하는 마음이 큰 성격.
　　　　먹여 살릴 자식들이 많아 늘 가난하게 산다.
　　놀부: 흥부의 형. 욕심이 많고 이기적인 성격.
　　　　돈이 많지만 남을 위해 베푸는 일은 절대 하지 않는다.

3　등장인물의 행동 설명하기

인물이 어떤 행동을 했는지 구체적으로 적어 보세요.

예) 흥부: 다리 다친 제비를 치료해 주었다. 그 결과 제비가 박씨를 물어다 주었
　　　　고, 박에서 금은보화가 나와 부자가 되었다.
　　놀부: 동생이 제비를 치료해 주어 부자가 된 것을 보고, 일부러 제비 다리를
　　　　부러뜨렸다.

4 비판적 질문 던지기

인물의 행동이 왜 잘못되었는지, 그 행동으로 인해 어떤 결과가 있었는지 등을 적어 보세요.

예) 놀부는 자신의 욕심 때문에 멀쩡한 제비의 다리를 억지로 부러뜨렸다. 그 결과 놀부의 박에서 금은보화가 아닌 도깨비와 괴물들이 나왔다. 이기적이고 탐욕스러운 놀부가 벌을 받게 된 것이다.

5 다른 선택과 행동 상상하기

인물이 다른 선택을 했더라면 어땠을까 상상해 보세요.

예) 만약 놀부가 진심으로 흥부의 행복을 축하해 주었다면 동생처럼 좋은 결과를 얻었을 것이다.

6 교훈 정리하기

이 이야기를 통해 어떤 교훈을 얻었는지 적어 보세요.

예) 남을 배려하고 돕는 마음이 중요하다는 걸 배울 수 있었고, 내 안에 자리한 이기심과 욕심을 버려야겠다고 다짐했다. 이 이야기를 교훈 삼아 앞으로 어려운 상황에 처한 사람을 모른 척하지 않고 적극적으로 도울 것이다.

독후 감상문 쓰기③
이야기를 새롭게 구성하기

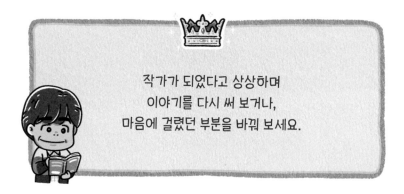

작가가 되었다고 상상하며
이야기를 다시 써 보거나,
마음에 걸렸던 부분을 바꿔 보세요.

《효녀 심청》에는 마음을 울리는 내용이 많아요. 특히나 심청이가 아버지를 위해 희생하는 장면은 깊은 감동을 주죠. 그래서 수백 년이 지난 지금까지도 많은 사람들에게 사랑을 받고 있어요.

하지만 이 이야기는 오늘날의 관점에서 다시 생각해 볼 점들이 있답니다. 예를 들어 '조선 시대 가부장제 사회의 가치관이 담겨 있는 건 아닐까?'라는 질문을 던질 수 있어요. 옛이야기에서는 주로 딸이 가족을 위해 희생하는 경우가 많거든요. 이 점이 오늘날의 가치관과는 맞지 않을 수 있어요.

'심청이는 여자라서 희생을 강요받은 게 아닐까?'

'심청이가 아들이었다면 아버지를 위해 인당수에 몸을 던지는 선택을 했을까?'

이런 질문을 하는 것이 바로 '이야기를 새롭게 생각하는 독후 감상문'인데요. 책을 읽고 느낀 점을 쓰는 데 그치지 않고, 이야기를 재구성해 보는 거죠.

첫 번째 방법은 책을 읽으면서 마음에 걸렸던 부분을 떠올리며 이야기를 새롭게 써 보는 거예요.

조선 시대는 유교 사회였기 때문에 여성의 순종과 희생을 미덕으로 여겼다. 그래서 여성은 가정 안에서 부모와 남편, 자식에게 헌신하는 역할을 강요받았다. 이 책의 주인공 심청도 딸이자 여자로서 많은 것을 포기했다. 하지만 지금은 시대가 바뀌었다. 여자든 남자든 자신의 행복과 꿈을 중요하게 여긴다. 내가 만약 작가라면 심청이가 아버지를 도우면서도 자신의 꿈을 이루는 이야기로 새롭게 바꿔 볼 것이다. 글을 쓰거나 그림을 그리는 등 재능을 발휘해 성공하여 아버지의 눈도 잘 치료한다는 내용으로 말이다. 이렇게 하면 주인공이 행복도 찾고 아버지도 돕는다는 멋진 이야기가 될 수 있다.

두 번째 방법은 책을 읽은 후, 그다음에 어떤 일이 일어날지를 상상하며 뒷이야기를 만들어 보는 것이에요. 예를 들어 '심청이는 아버지랑 정말 행복하게 살았을까?', '심학규는 죄책감에 시달리게 되지 않았을까?' 같은 질문을 하고, 그다음에 어떤 일이 펼쳐질지 상상해 보는 거죠.

이야기는 심청이와 심학규가 다시 만나 행복하게 잘 살았다는 결말로 끝이 났다. 하지만 나는 책을 덮으며 이런 질문이 떠올랐다.

'심청이는 아버지랑 정말 행복하게 살았을까?'

'심학규는 죄책감에 시달리게 되지 않았을까?'

다시 말해, 심청이는 아버지를 홀로 두고 인당수에 뛰어들었던 순간을 떠올리며 스스로를 탓했을지도 모른다. 심학규 역시 딸을 대할 때마다 미안한 마음이 들었을 것이다. 눈을 뜨게 된 기쁨마저 무거운 마음으로 받아들였을 것 같다. 그래서 나는 심청이와 심학규가 마음속 이야기를 털어놓게 되는 뒷이야기를 만들어 보았다.

어느 날, 심청이 말했다.

"아버지, 가끔 그런 생각이 들어요. 제가 아버지를 두고 인당수에 뛰어든 게 옳았을까 하고요."

뜻밖의 말에 심학규는 잠시 멈칫했다. 그리고 깊은 한숨을 내쉬며 말했다.

"네가 그런 선택을 한 건 내 잘못이다. 아비가 너무 절박해서 이 기적으로 굴었구나. 어리석은 행동이었지."

그렇게 두 사람은 상처를 털어놓은 후 서로를 위로했다. 그리고 더 나은 미래를 그려 가며 행복을 찾기로 한다.

어때요? 이렇게 작가의 입장에서 상상의 나래를 펼치면, 여러분만의 특별하고 독창적인 이야기가 만들어져요. 책 속의 내용을 새롭게 구상하거나 뒷이야기를 상상하며 이야기를 확장해 보세요. 창의력을 가미한 독후 감상문은 읽는 재미를 더할 뿐만 아니라 자신만의 개성을 표현할 좋은 기회가 된답니다. ✏️

☆책을 읽고 이야기를 새롭게 써 보거나 등장인물의 행동을 바꿔 보세요. 글을 더 깊게 이해할 수 있고, 비판력과 창의력도 키울 수 있답니다.

1 책 제목 쓰기

예) 별주부전

2 이야기 요약하기

어떤 사건이 있었고, 어떻게 일이 해결되었는지를 간단하게 적어 보세요.

예) 바다에 사는 용왕이 병에 걸리자, 병을 고치기 위해 필요한 토끼의 간을 구하러 자라는 뭍으로 나간다. 자라는 토끼를 속여서 용궁으로 데려가지만, 토끼는 간을 두고 왔다고 거짓말해 가까스로 탈출한다. 결국 토끼는 목숨을 구하고 자라는 빈손으로 돌아가게 된다.

3 마음에 걸렸던 부분 이야기하기

책을 읽으면서 마음에 걸렸던 부분을 떠올려 보세요.

예) 용왕의 병을 고치려고 죄 없는 토끼를 위험에 빠뜨린 자라의 모습이 마음에 걸렸다.

다시 구성하기

바꾸고 싶은 부분을 생각해 보고, 새롭게 구성해 보세요.

예) 자라가 토끼 간을 구해 오라는 용왕의 명령을 따르지 않는다고 바꾸어 본다면,
　　윗사람의 명령을 무조건 따라야 하는 게 아니란 걸 보여 줄 수 있다.

5 새로운 이야기 쓰기

**새로운 이야기를 상상해 보세요. 다른 결말을 써도 좋고 인물의 행동을
바꾸어도 좋아요.**

예) 자라가 토끼 간을 가져오라는 용왕의 명령에 반대하자, 용왕은 화를 내며
　　"내 병을 낫게 하려는 마음이 없는 것이냐?"라고 질책한다. 하지만 자라는
　　용왕 앞에 무릎을 꿇고 간절히 이야기한다.
　　"무릇 왕이라면 백성을 소중히 여길 줄 알아야 합니다. 토끼를 희생시키지
　　않고도 병을 낫게 할 방법을 찾아보겠습니다."
　　자라의 진심 어린 태도에 용왕의 마음이 누그러지고, 병을 낫게 할 다른 방
　　법을 찾아볼 것을 허락한다.

☆ 좋은 문장은 어떻게 만들어질까?

☆ 잘 쓴 글은 잘 고친 글이다

★ 글쓰기도 마찬가지다. ★ 안 써 봐서 어려운 거다. 음 시작은 누구나 어렵다. ★ 걸음마를 배울 때도 그렇다. 는 일에 미리 겁먹지 쓰기도 마찬가지다. ★ 안 써 봐서 어려운 : 누구나 어렵다. ★ 걸음마를 배울 때도 그렇다. ★ 글 게 미리 겁먹지 말자. ★ 아자아자 파이팅! ★ 처음 시작 마찬가지다. ★ 운 거다. ★ 글 쓰는 일 구나 어렵다. 그렇다. ★ 글쓰기 리 겁먹지 말자. 팅! ★ 처음 시작은 누 가지다. 써 봐 글 쓰는 일에 미 어렵다. ★ 걸음마 글쓰기도 마 먹지 말자. 작은 누구나 다. ★ 이 마리 겁 ★ 걸음 써도 마찬가지 자. ★ 이 나 어렵다. 써 봐서 어려운 거다. 글 쓰는 일에 미리 겁먹지 말자.

5장
글을잘쓰는 비법

이 문장은 너무 평범한 것 같고, 저 문장은 너무 지루해. 어떻게 해야 좋은 문장이 나올까?

좋은 문장은 어떻게 만들어질까?

불필요한 내용 빼기

긴 면발을 먹을 때에
먹기 좋게 잘라 먹는 것처럼
문장도 적당한 길이로 잘라 보세요.

한시 번역가로 활동하는 정민 선생님(국문학자, 1960년~)을 알고 있나요? 지금은 한국을 대표하는 한시 번역가지만, 대학원 시절에는 교수님에게 혼이 난 적도 있었다고 해요. 정민 선생님이 학생이던 때에 한시를 번역했던 이야기를 들려줄게요. 그때 정민 선생님이 번역한 문장은 '텅 빈 산에 나뭇잎은 떨어지고, 가랑비는 부슬부슬 내리는데.'였어요. 가을날의 쓸쓸한 풍경을 묘사한 한시였지요. 그런데 정민 선생님이 번역한 문장을 본 지도 교수님은 이렇게 지적했답니다.

1. 빈 산이면 됐지, 거기 '텅' 자가 왜 붙냐? 그냥 '빈 산'이라고 해라.

2. 나뭇잎에 '나무'가 필요해? 그냥 '잎'이라고 해라.

3. '떨어지고'에서는 '떨어'가 왜 필요하냐? '지다'라고 하면 된다.

4. 비는 내리지 올라가냐? '가랑비는 부슬부슬'이라고만 하면 된다.

　　글에서 불필요한 부분을 걷어 내고 나니, '빈 산에 잎이 지고, 가랑비는 부슬부슬.'로 간결하게 바뀌었대요. 어때요? 앞선 문장보다 더 고상하고 우아한 느낌이 들지 않나요? 이런 이유로 지도 교수님은 간결하게 글을 쓰길 원했던 것이죠. 불필요한 문장을 걷어 낸 글은 핵심을 잘 전달하기 때문에, 내용을 떠올리기도 쉽고 기억에도 오래 남거든요. 여러분도 글을 쓸 때 '간결함'을 중요하게 생각하면 좋겠어요. 글이 깔끔할수록 좋은 문장이 될 가능성이 훨씬 높아진답니다. 선생님이 간결하게 쓰기 위한 몇 가지 방법을 알려 줄게요.

첫째, 문장을 짧게 쓰세요.

　　문장이 너무 길면 읽기가 힘들어요. 가능한 한 문장을 짧게 나누어 표현하세요.

예) 오늘 오후에 산책하고, 상점에서 과일을 사고, 집에 돌아왔을 때 비가 내리기 시작했다.

이 문장은 길고 복잡해서 머릿속에 한 번에 잘 들어오지 않아요. 이럴 땐 사건을 나누어 **각각의 문장으로 표현**하는 것이 좋아요. 그럼 각 문장마다 사건이 뚜렷하게 보이고 이해하기 쉬워진답니다.

1. 오늘 오후에 산책했다.

2. 산책 후 상점에서 과일을 샀다.

3. 집에 돌아왔을 때, 비가 내리기 시작했다.

둘째, 비슷한 뜻을 겹쳐 쓰지 않아야 해요.

비슷한 말을 반복하지 않으면 글이 훨씬 깔끔해져요. 문장에서 군더더기를 빼 보세요.

예) 나는 문득 어젯밤 일이 생각나서 다시 기억해 냈다.

여기서는 '생각나다'와 '기억하다'가 비슷한 의미로 쓰였어요. 이 문장을 깔끔하게 바꾸려면 둘 중 하나만 적으세요.

나는 문득 어젯밤 일이 생각났다.

셋째, '매우', '너무', '정말' 같은 단어 사용은 줄이세요.

강조 단어들을 자주 사용하면 문장이 길어져 글이 산만해 보여요.

예) 이 과자를 정말 진짜 너무 먹고 싶어.

여기서는 '정말', '진짜', '너무'를 굳이 사용하지 않아도 뜻은 충분히 전달돼요. 그러니 강조 단어는 특별한 감정을 표현하고 싶을 때만 쓰는 것이 좋아요.

이 과자를 먹고 싶어.

넷째, 같은 말을 반복하지 마세요.

같은 말을 반복하면 글을 읽을 때 집중력이 떨어져요.

예) 나는 세수를 했다. 그리고 공부를 했다. 점심을 먹은 후 숙제를 했다.

여기서는 '했다'가 반복되어 문장이 지루해질 수 있어요. 다양한 표현을 사용해 보세요.

얼굴을 깨끗이 닦았다. 그리고 공부에 집중했다. 점심을 먹은 후 숙제를 끝냈다.

잘 쓴 글은 잘 고친 글이다
고쳐 쓸수록 더 좋은 글이 나온다!

작가들에게 글을 잘 쓰는 비법에 대해 물으면
모두가 비슷하게 답한다고 해요.
"고치고 또 고치면 돼요.
마음에 들 때까지 말이죠."

작가들이 쓴 글을 보면 '어쩜 이렇게 잘 쓸 수 있을까?' 하며 놀랄 때가 있어요. 문장 하나하나 완벽해 보이고 묘사도 정말 생생하잖아요. 그 비결이 뭘까요? 머릿속에 특별한 영감이 떠오를 때까지 무작정 기다리는 걸까요? 잠결에 완벽한 문장이 생각나는 걸까요? 어쩌면 태어날 때부터 타고난 능력이 있었던 걸지도 모르겠네요. 그런데 재미있는 사실은 글을 잘 쓰는 비결이 누구나 할 수 있는 간단한 방법이라는 거예요! 처음에는 일단 쓰고, 그다음에는 차근차근 고쳐 나가요. 선생님이 대학 입

학시험을 봤을 때의 이야기를 들려줄게요.

저는 수학 시험지를 받고서 1번부터 5번까지 단 한 문제도 풀지 못했어요. 아니, 풀긴 풀었는데 답이 객관식 보기에 없었어요. 그래서 답을 표시할 수 없었답니다. 시험을 망쳤다는 생각이 들자, 식은땀이 나고 가슴이 쿵쾅쿵쾅 뛰었지요. 머릿속이 점점 하얘지더니 수학 공식이 하나도 생각나지 않더라고요. 선생님은 '여기 더 있어 봤자 아무 소용 없을 거야.'라고 판단해 시험장을 나가야겠다고 마음먹었어요. 그리고 시험장을 떠나기 전 '최소한 빈 답안지는 내지 말자.'라는 심정으로 답을 채워 넣기 시작했답니다.

그런데 그때부터 놀라운 일이 일어났어요. 마음이 스르르 가라앉더니 시험지를 보는 게 편해지더라고요. 시험장을 나가는 대신 차분히 풀 만한 문제를 찾아봤어요. 그러자 신기하게도 문제가 하나씩 눈에 들어오기 시작했어요. 선생님은 문제를 풀면서 아무렇게나 표시했던 답도 차근차근 고쳤어요. 결국 처음에 풀지 못했던 문제들까지 해결할 수 있었지요.

글도 이렇게 써야 해요. 대부분의 작가는 글을 한 번에 완성하지 않아요. 세계적으로 유명한 작가 헤밍웨이는 대표작 《무기여 잘 있거라》를 처음부터 끝까지 무려 39번이나 고쳐 썼다고 해요. 정말 대단하죠? 하지만 더 놀라운 건 그의 또 다른 작품 《노인과 바다》예요. 이 작품은 무려 200번도 넘게 고쳐 썼다고 해요. 고치고 또 고치면서 글을 다듬어 나간 거예요. 헤밍웨이는 그렇게 훌륭한 작품들을 남겼고 노벨 문학상까지 받았답니다.

그럼 선생님도 고쳐 쓰기를 하냐고요? 네, 당연하죠! 처음에는 생각나는 대로 적고, 그다음에 다시 읽어 보며 고칠 점을 찾아요. 읽다가 어색하면 고치고, 문장이 잘 연결되지 않으면 또 고쳐요. 더 좋은 표현이 생각나면 바꾸고, 필요한 내용이 있으면 더하죠. 이렇게 여러 번 고치다 보면 문장이 점점 매끄러워져요. 그러다가 마침내 글이 완성되는 거예요.

처음부터 100점을 목표로 하는 글보다는, 점수를 조금씩 더해 간다고 생각하며 글을 고치고 다듬어 보세요. 계속 고쳐 쓰다 보면 분명 훌륭한 글이 완성된답니다.

베껴 쓰기도 좋은 방법!

좋아하는 책의 문장이나 영화 대사를 골라 그대로 따라 써 보세요.

베껴 쓰는 것만으로도 문장 구조를 자연스럽게 배울 수가 있답니다.

표현 방식과 단어 선택까지도 말이죠.

예를 들어 이런 문장이 있다고 해 볼게요.

'진정한 친구는 언제나 곁에 있어 주는 사람이야.'

이 문장을 따라 쓰고 나면 이렇게 응용할 수 있어요.

'진정한 친구는 넘어질 때 손을 내밀어 주는 사람이야.'

'진정한 친구는 비 오는 날 우산을 함께 써 주는 사람이야.'

이렇게 연습하다 보면

자신만의 문장을 만드는 실력이 늘게 될 거예요.

☆ 고쳐 쓰기는 글을 완성하는 데 있어서 꼭 필요한 과정이에요. 다음 5가지 항목들을 점검하면 훨씬 효과적으로 글을 다듬을 수 있답니다. 이제부터 글을 쓴 뒤 5가지 항목들을 확인하면서 고쳐 보세요. 여러분의 글이 더 멋지게 변할 거예요!

1 실수 고치기

맞춤법이나 헷갈리는 단어, 띄어쓰기 등의 실수를 찾아내 보세요. 이런 실수를 고치면 글쓰기가 더 수월해져요.

예) 맞춤법: 햇습니다. → 했습니다.
    적절한 단어 사용: 우리 집 교훈은 → 우리 집 가훈은
    띄어쓰기: 강원국선생님 → 강원국 선생님

2 내용 점검하기

글의 내용이 한 가지 주제에 집중되어 있는지 살펴보세요. 예를 들어 '글을 고쳐 쓰자.'라는 내용의 글이라면, '고쳐 쓰기는 중요하다. 우리는 고쳐 쓰기를 통해 더 나은 글을 쓸 수 있다.'라는 핵심 내용이 통일성 있게 들어가야 해요. 하지만 이 주제에 집중하지 않고 '나는 고쳐 쓰기를 좋아한다. 하지만 고쳐 쓰기를 하는 건 귀찮다. 가끔은 넘기고 싶다.'라는 이야기를 넣으면 주제가 흐트러지게 돼요. 글을 쓸 때는 주제에 집중하고 그와 관련된 내용을 발전시켜야 해요. 그럼 글이 더 깔끔해지고 독자들이 이해하기가 쉬워진답니다.

3 **알찬 내용으로 만들기**

처음 글을 쓸 때는 내용이 부족할 수 있어요. 그렇지만 다시 한번 찬찬히 읽어 보면 무엇이 부족한지 알게 된답니다. 고쳐 쓸 때는 더 필요한 내용이 없는지, 이유를 자세히 설명했는지, 적절한 예시를 들었는지 등을 확인해 보세요.

예) 처음 쓴 문장: 고쳐 쓰기는 중요해요.
　　고친 문장: 고쳐 쓰기는 중요해요. 고치면 고칠수록 문장이 더 매끄러워지고 이해하기 쉽게 표현되기 때문이에요.

4 **읽기 쉬운 문장으로 만들기**

처음 쓴 문장:
잘 쓴 글은 고친 글인데요. 한 번만 쓴 글은 내용이 부족한 경우가 많고, 처음부터 줄줄 써 내려간 글은 어색하고, 긴 문장으로 쓴 글은 읽기 어려워요.

고친 문장:
잘 쓴 글은 어떤 글일까요? 한 번만 쓴 글일까요? 처음부터 써 내려간 글일까요? 긴 문장으로 멋을 부린 글일까요? 잘 쓴 글은 여러 번 고친 글이랍니다.

5 **사실 관계 확인하기**

글에는 정보가 정확해야 해요. '이름', '연도' 등이 들어갈 경우 반드시 사실 관계를 파악해 보세요. 예를 들어 '강원국 선생님은 2024년에 《글쓰기 대통령 강원국의 초등학생 글쓰기》 책을 썼다.'라고 적었다면 그 연도가 맞는지, 실제로 선생님이 쓴 것인지, 제목이 알맞게 들어갔는지를 확인해야 해요. 정확한 정보를 제공해야 글을 읽는 사람이 믿음을 가지고 내용을 이해할 수 있답니다.

글쓰기 대통령
강원국의 초등학생 글쓰기
❸ 멋진 글을 쓰고 싶어요

글 강원국·서예나
그림 문인호

1판 1쇄 인쇄 2025년 2월 3일
1판 1쇄 발행 2025년 2월 10일

펴낸이 김현종
출판본부장 배소라
책임편집 빅포레스팅 **디자인** design S
마케팅 안형태 김예리 **경영지원** 신혜선 문상철 신잉걸

펴낸곳 (주)메디치미디어
출판등록 2008년 8월 20일 제300-2008-76호
주소 서울특별시 중구 중림로7길 4, 1층
전화 02-735-3308 **팩스** 02-735-3309
이메일 medici@medicimedia.co.kr **홈페이지** medicimedia.co.kr
페이스북 medicimedia **인스타그램** medicimedia

ⓒ 강원국, 서예나, 문인호 2025

ISBN 979-11-5706-393-2 (74700)
ISBN 979-11-5706-382-6 (74700) (세트)